THÉATRE DU PALAIS-ROYAL.

CARLO ET CARLIN,

COMÉDIE EN DEUX ACTES, MÊLÉE DE CHANT,

PAR MM. MÉLESVILLE ET DUMANOIR,

Représentée pour la première fois, à Paris, sur le théâtre du Palais-Royal, le 28 février 1844.

PRIX : 60 CENTIMES.

PARIS.

BECK, ÉDITEUR,

Rue Saint-André-des-Arcs, 21.

TRESSE, successeur de J.-N. BARBA, Palais-Royal.

1844.

CARLO ET CARLIN,

COMÉDIE EN DEUX ACTES, MÊLÉE DE CHANT,

PAR MM. MÉLESVILLE ET DUMANOIR,

Représentée pour la première fois, à Paris, sur le théâtre du Palais-Royal, le 28 février 1844.

Personnages.	*Acteurs.*
CARLO BERTINAZZI	Mlle Déjazet.
CAMÉRANI, son ami	M. Alcide-Tousez.
LE DUC DE FRIOLA, ambassadeur de Parme à Florence	M. Sainville.
LA DUCHESSE, sa femme	Mme Leménil.
ARMANTINE	Mlle Scrivaneck.
L'IMPRÉSARIO	M. Barthélemy.
UN VALET	M. Ferdinand.
UN EXEMPT	M. Masson.
Personnages de la Comédie italienne.	
Garçons de théâtre.	
Gardes.	

La scène se passe, au premier acte, à Florence, en 1730; au second acte, dans l'intérieur du théâtre de cette ville.

ACTE I.

Le théâtre représente un petit salon, chez Carlo. Porte au fond. A droite du public, premier plan, porte de la chambre de Carlo; deuxième plan, porte secrète; troisième plan, croisée. A gauche, premier plan, cheminée; deuxième plan, porte de la chambre de Camérani; troisième plan, croisée. Table à gauche, chaises, etc.

SCÈNE I.

CAMÉRANI, seul, disposant une table à gauche.

Dépêchons-nous de préparer le déjeuner... ici, mon couvert... là, celui de mon ami Carlo. De mon côté, le pain, le beurre, les ravioli; de son côté... (Ne trouvant plus rien.) Tiens! il n'y a plus rien!.. Bah! il a un estomac délicat, qui demande des ménagemens... ne changeons pas mes dispositions. Vite, maintenant, le chocolat... (Il va le prendre dans la cheminée, le fait mousser, puis s'approche de la rampe, la chocolatière à la main.) Un étranger qui me surprendrait, croirait-il que c'est un jeune homme de famille, un ex-page du duc de Parme, qui se livre à cet exercice culinaire?.. Voilà, Monsieur, dirais-je à cet inconnu, voilà où mènent les folies de jeunesse!.. Ah! étranger, c'est une histoire bien lamentable que la mienne!.. Il était une fois un duc de Parme...

CARLO, en dehors, à gauche.

Camérani!

CAMÉRANI.

Hein?.. (A part.) Quelle petite voix douce!.. c'est pourtant la voix d'un scélérat!.. de l'auteur de tous mes maux!.. (Se retournant vers la porte.) Brigand!.. (Haut et avec douceur.) Qu'est-ce que tu veux, cher ami?

CARLO, en dehors.

Dépêche-toi... le chocolat!

CAMÉRANI.

Je le tiens, cher ami!.. (A lui-même, avec un geste de colère.) Hum!.. Sort injuste!.. il est

heureux, lui... il a des talens, lui... il est là, en train de donner des leçons de danse aux élégans de Florence...

Air : Vaudeville de la Somnambule.

Sous prétexte qu'il est artiste,
Il brille sans cesse auprès d'eux...
Et, non content de cela, l'égoïste!
Gagne tout seul de l'argent... pour nous deux!
Du déjeuner je m'occupe en échange,
Car c'est moi seul qui, sans cesse debout,
Fais les repas... et les sers... et les mange...
Il faut qu'ici je fasse tout!

(On entend des éclats de rire à gauche.) Bon! voilà qu'il amuse ses élèves, à présent!.. (Il s'assied à droite.) Je gage qu'il imite encore l'arlequin du grand théâtre... car il a toutes les perfections, ce drôle-là!.. c'est un singe, un chat, pour l'adresse et l'agilité... moi-même, il me fait rire à me tenir les côtes... et j'en rougis pour lui... Comment un ex-page du duc de Parme peut-il oublier son rang?.. Même dans le malheur, on doit conserver sa dignité.

(Il fait mousser le chocolat.)

CARLO, sur le pas de la porte à gauche.

Par là, Messieurs... le petit escalier... Adieu, à demain... et soyez exacts.

SCÈNE II.

CARLO, CAMÉRANI.

CARLO, entrant et déposant sa pochette sur une chaise, au fond.

Eh bien! ce déjeuner?

CAMÉRANI.

Ça avance... ça mousse.

CARLO.

Bravo!.. et des fruits, des ravioli!.. A table! Voilà ma place.

(Il s'assied à la gauche de la table.)

CAMÉRANI, se récriant.

Non pas!.. c'est la mienne!.. c'est mon côté!.. Malheureux! songe à ton estomac!

(Il s'assied à droite et retire de son côté les plats qu'il avait placés à gauche.)

CARLO.

C'est-à-dire, au tien, glouton!.. Je te l'ai prédit, Camérani... je ne sais pas si tu feras jamais fortune... mais, à coup sûr, tu la mangeras d'avance... tu seras le plus fameux gourmand!..

CAMÉRANI, mangeant.

Il faut bien être quelque chose!

CARLO, se versant son chocolat.

Qu'est-ce donc?.. des lettres?

CAMÉRANI.

Qu'on vient d'apporter pour toi... C'est ça... fais tes affaires... (Se servant.) Lis tes lettres, cher ami, ne t'occupe pas de moi.

(Il mange.)

CARLO, lisant.

« A M. Carlo, maître en fait d'armes. Le marquis de Monteleone offre à M. Carlo trois ducats par leçon. » (Ouvrant une autre lettre.) « A M. Carlo, maître à danser. Mon carrosse ira prendre demain M. Carlo, pour l'amener à ma *villa*. Comtesse DE FAVELLA. » (Avec entraînement.) Un marquis! une comtesse!.. hein!.. comme ça marche!.. me voilà lancé!.. me voilà adopté par tous les jeunes gens, par toutes les jolies femmes de Florence!.. ce n'est plus qu'ici qu'on viendra acheter du courage et de la grâce... on ne dansera plus un pas, on ne donnera plus un coup d'épée, sans que ce soit réglé d'avance par il signor Carlo... à trois piastres le cachet!.. Sans compter les concerts, les sérénades, dont j'ai l'entreprise exclusive... et qui ne sont de bon goût que lorsqu'ils sortent de chez moi!.. Allons-nous être riches!.. J'achèterai un hôtel, un équipage, quatre grands laquais!..

CAMÉRANI, vivement et mangeant.

Et un cuisinier!.. Il me tarde d'abdiquer en sa faveur.

CARLO, déjeunant.

Eh bien! regretteras-tu encore de m'avoir suivi? d'avoir accepté, près de moi, les fonctions de Pilade?

CAMÉRANI.

Eh bien! oui, je le regrette!.. D'abord, jamais Pilade n'a fait le chocolat d'Oreste... l'histoire ne dit pas un mot de cette particularité!.. Tiens, vois-tu? je donnerais ton hôtel, ton équipage et tes quatre grands laquais... qui courent encore... (Soupirant.) pour revenir au temps heureux où nous étions de petits coquins de pages.

CARLO, riant et prenant son chocolat.

Allons donc!.. tu étais un coquin de page un peu mûr... un peu monté en graine!.. Tu ne pouvais pas durer bien long-temps comme ça, et je t'ai peut-être épargné une destitution humiliante!

CAMÉRANI.

Le fait est que je dépassais un peu les autres... et le règlement... quand les pages deviennent trop grands, on les casse... on m'aurait cassé.

CARLO, avec chaleur.

Et d'ailleurs, pouvions-nous subir le châtiment honteux qu'on voulait nous infliger, après notre escapade!

CAMÉRANI, la bouche pleine.

Dis donc ton escapade!.. C'est toi qui as tout fait, qui as entraîné les autres.

CARLO, se levant, sans quitter sa place.

Et je m'en vante, et j'en suis fier!.. Je me vois encore, la nuit, dans le dortoir, debout sur mon lit et, drapé dans mes rideaux... Je me souviens encore de ma harangue cicéronienne qui vous électrisa!

CAMÉRANI.

C'est vrai, j'ai été électrisé... tu me donnais

des coups de poing en gesticulant... Voilà quelque chose qui électrise !

CARLO, un pied sur sa chaise.

Mes amis, m'écriai-je, vous savez tous si j'aime, si j'idolâtre Armantine... la délicieuse Colombine du théâtre Ducal !.. cette Colombine, aussi sage que jolie !.. cette Colombine, remarquable, unique entre toutes les Colombines !.. Eh bien ! demain, par l'ordre du grand-duc, on la marie au maître-queux du palais, un homme vieux, laid et bête, qu'elle déteste !.. au lieu de me la donner, à moi qui suis jeune, beau, spirituel et qu'elle adore !.. Le souffrirons-nous, ô mes amis ?

CAMÉRANI, élevant sa fourchette et se levant.

Non ! non !.. telle fut notre réponse... motivée... Je me la rappelle textuellement.*

CARLO, continuant.

A moi, les pages du grand-duc !.. continua Cicéron... Embusquons-nous sur le passage de la noce, dispersons-la, enlevons Armantine, et jetons le marié à l'eau... comme un meuble inutile !

CAMÉRANI.

Adopté !.. s'écria-t-on avec enthousiasme !

CARLO.

Toi, le premier !

CAMÉRANI.

C'est encore vrai... L'idée de jeter le maître-queux à l'eau me souriait beaucoup.

CARLO.

Air de Turenne.

Le lendemain, notre programme
A la lettre s'exécutait :
L'époux, séparé de sa femme,
Dans la rivière barbottait...
Notre programme l'annonçait !

CAMÉRANI.

Oui, mais soudain... ô détestable trame !
Le guet, sur nous, tombant subitement,
Nous pinçait tous... voilà le dénouement
Qui n'était pas dans le programme !

Sous clé, messieurs les pages !.. et le grand-duc nous condamnait à recevoir le...

CARLO, vivement.

Arrête !.. ne dis pas ce mot-là !

CAMÉRANI.

Ça n'était pas non plus dans le programme !

CARLO, indigné.

Nous, des pages !.. presque des officiers !.. recevoir le... Est-ce que c'était possible ?.. Je remonte à la tribune ! je décris le supplice ignominieux qui nous est réservé... je retrace dans une magnifique métaphore le tableau des verges suspendues sur nos...

CAMÉRANI.

Hein ?

* Camérani, Carlo.

CARLO.

Sur nos têtes !.. Cette péroraison ne pouvait manquer de vous toucher...

CAMÉRANI, frissonnant.

Brrr !.. Je croyais déjà les sentir... derrière moi !..

CARLO.

Et il est décidé, à l'unanimité, qu'on ne les attendra pas ; qu'on fuira une ingrate patrie qui veut donner le fouet à ses enfans... Les uns se sauvent à Rome, d'autres prennent la route de Venise...

CAMÉRANI.

Moi, je voulais me réfugier à Bologne... dont les produits indigènes auraient adouci les chagrins de l'exil !..

CARLO.

Oui, mais Armantine, craignant les suites de notre esclandre, s'était enfuie de son côté à Florence, Naples ou Palerme !.. A Florence, d'abord, m'écriai-je !.. Suis-moi ou reste !

CAMÉRANI.

Rester !.. pour recevoir tout seul la part des autres ! merci !.. Je me décidai à fuir... et si précipitamment, que je n'eus que le temps de prendre un bonnet de coton... et *Mars et Vénus*.

CARLO.

Mars et Vénus ?

CAMÉRANI, montrant sa tabatière de carton verni.

Ma tabatière... un objet d'art... très joli médaillon à 15 sols pièce... qui représente ce dieu et cette déesse dans leur négligé du matin... C'est avec ce modeste bagage que j'eus la faiblesse de m'accrocher à ta destinée.*

(Il remonte.)

CARLO.

La faiblesse ! j'aime bien cela !.. Que pouvais-tu faire de mieux ?

CAMÉRANI, vivement et redescendant à droite.

Le mieux était de rester à Parme... toi, moi, les autres... et de nous partager tranquillement la petite allocation... (Mouvement de Carlo.) C'eût été si vite fait !.. mon Dieu ! nous n'y penserions plus... ce serait déjà effacé de nos... souvenirs.

CARLO, avec force.

Et l'honneur !

CAMÉRANI, fièrement.

L'honneur n'est pas là... je le place ailleurs.

CARLO.

Et Armantine, bourreau ?.. Pouvais-je reparaître à ses yeux, déshonoré, flétri ?.. Oh ! quels furent mes transports, quand je la retrouvai ici !.. au théâtre de Florence !.. quand j'assistai à son premier triomphe !.. triomphe d'autant plus beau, qu'elle débutait à côté de Locatelli, l'arlequin chéri du public ! le premier talent d'Italie !

* Carlo, Camérani.

CAMÉRANI.

Celui que tu contrefais si bien!

CARLO.

Ce n'est pas étonnant... il joue toujours l'amoureux d'Armantine... Je sais ses rôles avant lui... je les devine... je les ferais!.. Aussi, tous les soirs, j'étais là, le premier dans la salle... et j'applaudissais!.. ah!

CAMÉRANI.

Et tu me flanquais des coups de pied pour me faire partager ton enthousiasme!.. j'en avais les jambes bleues... d'admiration!

CARLO.

Puis, après le spectacle, je courais à sa loge... puis, le lendemain matin, je courais chez elle, où nous déjeunions ensemble... en parlant de notre amour... puis, elle venait ici... chez moi, en secret... puis...

CAMÉRANI.

Puis, puis, un beau jour... plus personne!.. voilà!.. (Carlo soupire.) Je te l'avais dit... défie-toi de l'inconstance des femmes... J'en ai fait la douloureuse expérience... Oh! les scélérates! comme elles m'ont arrangé!

CARLO, à lui-même.

Un changement si subit, si inexplicable!.. Je l'attends, et elle ne vient plus... je lui écris, pas de réponse, ou l'on me renvoie mes lettres!.. Que s'est-il donc passé?.. (A Camérani.) Qu'est-ce que cela veut dire?

CAMÉRANI, à part.

Innocent jeune homme!.. (Haut.) Cela veut dire que cette Colombine, unique dans son genre... est devenue comme toutes les autres Colombines...

CARLO, avec indignation.

Sacrilége!..

CAMÉRANI, dédaigneusement.

Vois-tu? mon pauvre Bertinazzi...

CARLO, vivement.

Hein?.. veux-tu te taire?.. veux-tu bien ne pas m'appeler ainsi?.. pour me faire découvrir et renvoyer à Parme, n'est-ce pas?

CAMÉRANI, allant à la table.

C'est vrai, je n'y pense jamais!.. *

CARLO.

Ici, je me nomme Carlo... Tâchez de vous en souvenir, M. Camérani.

CAMÉRANI, effrayé, revenant vivement à gauche.

Hein? veux-tu te taire?.. veux-tu bien ne pas m'appeler ainsi?.. Je me nomme Lindor!.. (Criant.) Je suis Lindor!.. (Bas, à Carlo.) et Flavio pour les belles, quand je suis en bonnes fortunes.

CARLO.

Mais, quant à Armantine, j'aurai le mot de cette énigme, je forcerai toutes les consignes, je la reverrai!.. chez elle, au théâtre, chez moi! partout!..

CAMÉRANI, s'approchant en tenant la table comme pour l'emporter.

Chez toi?.. (A part.) Toujours innocent jeune homme! (Haut.) Si jamais elle revient ici, je veux bien être le plus grand imbécille!..

(Armantine paraît tout-à-coup au fond, très agitée, et regardant derrière elle.)

CARLO, poussant un cri.

Ah!

CAMÉRANI, effrayé.

Hein?

(Il se retourne.)

CARLO.

C'est elle! la voilà!..

CAMÉRANI, posant la table à la place où il se trouve.

Alors, je suis donc le plus grand...

ARMANTINE, courant à Carlo.*

Silence! pas un mot!.. Je suis poursuivie!.. Cachez-moi!..

CARLO, avec joie.

Vous, ici!.. comment, toi!..

ARMANTINE.

Cachez-moi vite!.. il vient!

CAMÉRANI.

Qui?

(Il reprend la table.)

CARLO, enfermant Armantine à droite.

Là, là! dans ma chambre!.. (Près de la porte, à Camérani.) Qu'est-ce que ça signifie?

CAMÉRANI.

Oui, qu'est-ce que ça signifie?

(Il remonte.)

CARLO, joyeux.

Je n'en sais rien... mais c'est égal... elle m'aime toujours!.. elle m'aime! c'est clair!

CAMÉRANI.

Ah! tu crois que... (A part.) Plus que jamais innocent jeune homme!..

(Il sort à gauche, en emportant la table.)

SCÈNE III.

LE DUC DE FRIOLA, CARLO.

LE DUC, au fond, à un laquais qui le suit.

Que mes gens attendent... et qu'on porte à boire... (Le valet s'incline.) à mes chevaux.

CARLO, à part.

Quel est cet embonpoint en habit brodé?.. celui qui poursuivrait Armantine?.. ce n'est pas possible!

LE DUC, s'avançant et à part.

Voilà donc mon rival!.. l'amoureux d'Armantine!.. Je ne suis pas fâché de l'étudier, et en même temps de me servir de lui.

* Camérani, Carlo.

* Camérani, Armantine, Carlo.

CARLO, à part.

C'est quelque nouvel élève... expédions-le vite, car il me tarde...

LE DUC, haut.

C'est vous, n'est-ce pas?

CARLO.

Mais... j'ai quelques raisons de le croire.

LE DUC.

Carlo?.. le petit Carlo?.. le maître à danser que ces dames veulent mettre à la mode?

CARLO, saluant.

Lui-même, Monsieur... prêt à vous donner une leçon.

LE DUC.

Merci, merci! la danse n'est pas... ce que je viens chercher... On m'a dit, mon cher, que vous teniez aussi des musiciens pour bals, concerts, sérénades... et cætera?

CARLO.

J'en tiens.

LE DUC.

J'ai besoin de ce dernier article,.. et je viens traiter avec vous d'une petite sérénade.

CARLO.

Que vous voulez vous donner à vous-même?

LE DUC.

Allons donc!.. (A part.) Il est fort bête, ce jeune homme... (Haut.) Non, voilà ce que c'est: Tel que vous me voyez, je me suis enamouré d'une petite fille... que je voudrais honorer de ma familiarité... et qui, jusqu'à présent, m'a traité de Turc à Maure... Cela vous étonne, pas vrai?

CARLO, après l'avoir regardé.

Hum!.. Continuez.

LE DUC.

Pour toucher le cœur de la petite, j'ai résolu de la prendre... par les oreilles... passez-moi ce lazzi... et c'est à elle que je destine notre petite drôlerie musicale. Pouvez-vous me composer quelque chose de joli, de galant... et pas trop cher?

CARLO, gravement.

Monsieur, nous avons un tarif... pour les aubades, sérénades... et même les carillons... quand vous en voudrez un... Première classe... (Très vite.) Pour une grande dame, comtesse ou marquise, nous exécutons la marche chevaleresque de Scarlatti, par quatre violons, deux basses de violes, mandolines et hautbois... c'est superbe... et infaillible! Cette catégorie de sérénades a causé un grand nombre de catastrophes conjugales... c'est un article très demandé... ça vaut cinquante piastres.

LE DUC.

Diable! cinquante piastres!.. Et (Avec inquiétude.) vous dites que cela a fait du tort à quelques époux?

CARLO, vivement.

Monsieur est marié?

LE DUC, hésitant.

N... non... non!..

CARLO, à part.

J'ai peur pour lui qu'il ne soit marié.

LE DUC, à part.

Pourvu qu'on n'ait pas exécuté à ma femme la marche chevaleresque de Scarlatti!.. (Haut.) Cinquante piastres!.. Ma belle n'est ni comtesse, ni marquise.

CARLO.

Une bourgeoise?.. présidente ou conseillère... deuxième catégorie... c'est moins cher... Est-elle mariée?

LE DUC.

Nullement.

CARLO.

Son âge?

LE DUC.

Seize printemps.

CARLO.

Ah! seize printemps?.. (Même ton.) Nocturne, soupiré par le ténor et le contralto... entrée de musettes et de chalumeaux... harmonie imitative, reproduisant le dialogue amoureux de deux rossignols nouvellement mariés... et nous terminons par le délicieux menuet de Léo... (Chantant.) Tra la la la, tra la la...

LE DUC, chantant aussi.

Tra la la... Fort gentil, fort gentil.

CARLO.

C'est tout neuf... ça n'a encore servi pour personne... un menuet qui va droit au cœur... C'est 35 piastres.

LE DUC, lui donnant une bourse.

Les voici!.. Je ne marchande pas... je veux être grand et généreux comme mon ami, le jeune ambassadeur de France.

CARLO.

Ah! vous êtes lié avec... (A part.) Qui diable est-ce donc?

LE DUC.

Avec le jeune ambassadeur de France, le marquis de Villeray?.. Oui, intimes... le connaissez-vous?

CARLO.

Beaucoup... de vue!.. On ne parle que de lui, à Florence... de ses bonnes fortunes... Il est, dit-on, adoré de toutes ces dames.

LE DUC, d'un air de doute.

Oh! de toutes!.. nous en exceptons bien une.

CARLO, à part, en le regardant.

Décidément, il est marié.

LE DUC.

Il a en ce moment une maîtresse qu'il n'a jamais voulu me nommer... à moi, son confident habituel... Pourquoi?

(Il remonte.)

CARLO, à part.

Marié! archi-marié!.. et tout ce qui s'ensuit!.. Je suis fixé!

LE DUC.

Vous dites ? *

CARLO.

Que mes musiciens seront chez vous... si vous voulez me donner votre adresse...

LE DUC.

Non ! non ! pas chez moi !.. (A part.) Ma femme n'aurait qu'à prendre la sérénade pour son compte... (A Carlo.) Dans cette petite rue... devant votre porte... ils se tiendront à mes ordres... parce que, vous comprenez?.. l'appartement de ma belle est au rez-de-chaussée,.. elle ouvre sa fenêtre... je fais un saut... et...

CARLO.

Cela vous sera facile. (Appelant.) Caméra... (A part.) Ah ! diable !.. (Haut.) Lindor ! (Au Duc.) C'est mon commis... (A Camérani.) Une sérénade de trente-cinq piastres... dans une heure, la petite rue en face... va tout commander, dépêche-toi... Ah!.. voici le programme...

(Il écrit sur un calepin.)

LE DUC, à part.

Ah ! ah ! ah !.. c'est charmant !.. mon rival lui-même qui me fournit de quoi séduire sa maîtresse !.. c'est léger... c'est à la française... ah ! ah ! ah !.. (Passant brusquement du rire au ton le plus sérieux.) Ma parole d'honneur, je mérite la corde !..

CARLO, jetant le papier dans la chambre à gauche.

A toi !

CAMÉRANI, en dehors.

On y va !

LE DUC.

Adieu, petit...

ENSEMBLE.

(A part.)

Air : Le tambour raisonne.

Ce concert magique
Saura la charmer.
Grace à sa musique,
Elle va m'aimer.

CARLO.

Ce concert magique
Saura la charmer...
Grace à ma musique
On va vous aimer.

(Le Duc sort en sautillant.)

CARLO, seul.

Enfin ! m'en voilà délivré ! (Courant à la porte de droite qu'il ouvre.) Venez, venez, chère Armantine !

* Carlo, le Duc.

SCÈNE IV.

CARLO, ARMANTINE.

ARMANTINE, se montrant à demi.

Il est parti ?

CARLO.

Et que le diable l'emporte !.. si le diable est assez fort pour cela !.. (Avec joie.) Te voilà donc !.. toi !.. mes amours, mon seul bien !.. ici !.. chez moi !.. et qui donc te poursuivait tout à l'heure ?

ARMANTINE.

Mais lui... lui, qui me défend de venir chez vous, qui vous ferme ma porte, vous renvoie toutes vos lettres... lui, mon tyran, mon geôlier, mon espion !

CARLO.

Comment ! cet homme qui sort d'ici ?

ARMANTINE.

Et qui, grace au ciel, ne m'avait pas vue... c'est le duc de Friola, l'ambassadeur de Parme !

CARLO.

L'ambassadeur de Parme ! (Avec jalousie.) Un grand seigneur !

ARMANTINE.

Hélas ! quoique je le déteste... il a trouvé moyen d'enchaîner ma liberté; car il a découvert qui j'étais... Il m'a menacée d'en écrire au grand-duc, de me renvoyer à Parme, où mon engagement existe toujours... où je serais forcée d'épouser cet horrible maître-queux... et vous ne seriez plus là...

CARLO.

Pour le jeter à l'eau !.. ce serait dommage !

ARMANTINE.

Tout cela, si je continuais à vous voir, à vous parler !.. La peur m'a prise...

CARLO, vivement.

Et tu n'es plus venue, et le théâtre m'a été fermé... Je comprends tout à présent, et je pardonne... Et ce Camérani, ce Lindor, cet imbécille, qui osait accuser ton cœur !.. un cœur d'or, incapable de... Ah ! ça !.. (Avec défiance et inquiétude.) Tu n'en aimes pas d'autre, hein ?

ARMANTINE.

Ah ! Carlo !

CARLO, avec feu.

Air de Partie et Revanche.

Ah ! je le disais bien d'avance,
Que tu m'avais gardé ta foi !..
J'étais bien sûr de ta constance,
Puisque te voilà près de moi !..
Puisque je peux, sans gêne et sans effroi,
Baiser cette main que je serre...

(Il la baise.)

Puis ce beau front...

(De même.)

Puis, ce bras si coquet...

(De même.)

Puis...

ARMANTINE.

Arrêtez !..

CARLO.

C'était, ma chère,
Pour me rassurer tout-à-fait.

ARMANTINE.

Mais aujourd'hui, ce n'est plus moi seule qu'on menace... C'est pour vous que je tremble, pour votre liberté !..

CARLO.

On aurait découvert...

ARMANTINE.

Rien encore !.. Mais on soupçonne que vous êtes caché à Florence... car on a envoyé à ce maudit ambassadeur un ordre d'extradition... je l'ai vu, il me l'a montré... Oui, mon pauvre Carlo, l'ordre de vous renvoyer, vous aussi, à Parme, pour recevoir je ne sais quelle punition...

CARLO.

Je sais... je sais... Ne t'inquiète pas... une misère...

ARMANTINE.

Mais, si !.. il paraît que c'est sérieux... le grand-duc en fait une affaire d'état ?

CARLO, à lui-même.

Comment un homme de tête... qui ne devrait avoir que des vues élevées... peut-il s'abaisser... Quel bien ça peut-il faire à l'état ?

ARMANTINE.

N'importe, il faut redoubler de prudence, jusqu'au moment où notre fortune nous permettra de réaliser notre projet d'enfance.

CARLO, vivement.

Notre mariage... oh ! oui, je l'ai juré... tu seras ma femme... je serai ton mari.

ARMANTINE.

Et surtout, cachez bien votre véritable nom !.. ce n'est pas moi qui le dirai.

CARLO.

Ni moi !.. je suis d'une discrétion !..

ARMANTINE.

Je ne crains que M. Camérani, votre ami... je ne le connais pas bien... mais je le crois un peu bête.

CARLO.

Il l'est beaucoup plus que ça.

ARMANTINE, écoutant.

Ah ! mon Dieu ! une voiture qui s'arrête à votre porte !

CARLO, allant à la fenêtre de droite.

C'est quelqu'une de mes élèves... quelque dame de la cour.*

* Armantine, Carlo.

ARMANTINE, avec un peu de jalousie.

Vous en avez beaucoup, d'élèves ?

CARLO.

Il le faut bien, pour me dépêcher de faire fortune et t'épouser... (Souriant.) Veux-tu rester à la leçon ?

ARMANTINE.

Oh ! non... je ne veux pas qu'on me soupçonne ici... je me sauve.

CARLO.

Quand te reverrai-je ?

ARMANTINE.

A la nuit tombante... trouvez-vous près de ma fenêtre... je l'ouvrirai, et nous pourrons causer.

CARLO, lui baisant la main.

Excellente idée !

ARMANTINE, montrant le fond.

Mais, on va me rencontrer !.. Par où m'échapper ?

CARLO.

Par là... l'escalier dérobé...

ARMANTINE, près de sortir.

C'est très mal aussi, Monsieur, d'avoir des escaliers dérobés !..

CARLO.

Adieu !

(Elle disparaît par la droite.)

SCÈNE V.

CARLO; puis, LA DUCHESSE.

CARLO, seul d'abord, marchant à grands pas.

Ah ! monseigneur l'ambassadeur... c'est vous qui séparez deux tendres amans, qui ne demandent qu'à se rapprocher !.. C'est vous qui prétendez être l'arlequin de ma Colombine !.. Un moment, morbleu !.. Mais comment me débarrasser de ce gros corps diplomatique ?.. Un coup d'épée ?.. d'un petit maître à danser !.. Il n'accepterait pas... il est défendu aux hommes d'état de rien recevoir !.. d'ailleurs, cela ne suffirait pas pour l'éloigner d'Armantine... En pareil cas, le grand art est d'inquiéter l'ennemi dans son propre camp !.. Comment l'occuper ailleurs, lui fourrer autre chose dans la tête ?.. S'il était marié ?.. il doit l'être... il l'est... il faut qu'il le soit !

(La porte s'ouvre, la Duchesse paraît.)

LA DUCHESSE.

Le voilà !.. c'est lui !..*

CARLO, avec dépit.

A l'autre !.. ma visite que j'oubliais !

LA DUCHESSE, d'un ton très dégagé.

Bonjour, mon cher Carlo, bonjour... Vous ne me connaissez pas, tant pis pour vous.

* La Duchesse, Carlo.

CARLO.

Pardon, Madame...

LA DUCHESSE, continuant.

Moi, je vous connais beaucoup, de réputation... un peu, de vue... et voici comment... Un fauteuil, s'il vous plaît.

CARLO.

C'est que...

LA DUCHESSE, continuant.

Non, merci, ce n'est pas la peine... je parle mieux debout. Il y a trois ou quatre jours, je vous ai aperçu chez la comtesse de Villabianca, mon amie intime... une charmante femme, un peu boiteuse, aux trois quarts bossue, que vous avez rendue gracieuse... une taille de trois pieds de circonférence, que vous avez rendue légère, svelte, aérienne!.. vous êtes décidément un grand homme, un homme à miracles... et, comme je raffole de la danse, je viens prendre de vos leçons... non pas par le même motif; Dieu merci, vous me voyez, c'est tout dire... (Carlo veut parler.) Le prix? dix, quinze, vingt piastres, tout ce que vous voudrez... (Carlo veut encore parler.) Pourquoi je ne vous ai pas fait venir à mon hôtel?.. à cause de mon mari... qui est d'une jalousie féroce... qui se défie beaucoup de la danse, et prodigieusement des danseurs... surtout quand ils sont jeunes, gentils et... Quand commençons-nous?

CARLO, à part.

Ouf!.. ça devrait me compter au moins pour douze cachets! (Haut.) Madame... je suis désolé de ne pouvoir répondre à votre confiance...

LA DUCHESSE.

Comment? vous me refusez?

CARLO.

Plus tard... je m'empresserai... Mais dans ce moment... (A part.) Va-t'en à tous les diables!

LA DUCHESSE, fièrement.

Croyez-vous, petit... parler à une bourgeoise endimanchée?.. Appréciez mieux l'honneur que vous fait la duchesse de Friola!

CARLO.

Hein? plaît-il?.. (A part.) La Duchesse.... la femme de mon ambassadeur!.. C'est le ciel qui me l'envoie!.. (Passant à gauche vivement. Haut.) Donnez-vous donc la peine de vous asseoir, Mme la Duchesse. Vous daignez venir chez le pauvre artiste!..

LA DUCHESSE.

Chez l'artiste à la mode!.. eh! pourquoi pas?.. D'abord, quand j'ai une idée, il faut qu'elle s'exécute sur-le-champ, à la minute, à la seconde!..

CARLO, à part.

Très bien!

LA DUCHESSE.

Je ne suis pas Vénitienne pour rien!

CARLO, à part.

Et Vénitienne par dessus le marché!.. *Che gusto*!

LA DUCHESSE.

Je raffole de tout ce qui est original, de tout ce qui sort du commun... On vantait vos talens, on racontait de vous, de votre merveilleuse souplesse, des histoires qui tiennent vraiment du prodige... eh! tenez... entre autres, celle de ce cocher de voiture publique...

CARLO, riant.

Qui m'a fait l'honneur de me prendre pour le diable!

LA DUCHESSE, riant.

C'est donc vrai?

CARLO, riant.

Que je suis le diable? du tout!.. je vous prie de croire, Mme la Duchesse, que je n'ai aucun rapport avec ce personnage... je n'ai pas envie d'être excommunié et... rôti!

LA DUCHESSE.

Mais enfin, ce pauvre cocher...

CARLO.

Me conduisait à l'Opéra... arrivé à la porte, il ouvre sa voiture, pour me faire descendre... et n'y trouve personne!.. malgré les recherches les plus minutieuses, même sous les coussins...

LA DUCHESSE.

Ah! ah! ah!.. vous êtes bien petit, mais...

CARLO.

Pas à ce point-là!.. Furieux d'avoir été la dupe d'un fripon, il s'en revient par la même rue... de retour sur la place, il veut s'assurer que je ne lui ai rien dérobé... il ouvre, et me retrouve tranquillement installé dans sa voiture!.. à cette vue, il pousse des cris, tombe à la renverse, et... ah! ah! ah!..

LA DUCHESSE.

Ah! ah! ah!.. délicieux!.. mais vous, vous? comment aviez-vous fait?

CARLO.

En allant au théâtre, et au moment où la portière de la voiture se trouvait juste en face d'une fenêtre d'entresol, je m'étais élancé comme un chat dans une chambrette... qu'habitait une fort jolie petite fille, couturière de son état...

LA DUCHESSE, avec curiosité.

Ah!.. eh bien?

CARLO, après un silence.

Ici, je passe quelques détails.

LA DUCHESSE, contrariée, à part.

Ah! c'est dommage! (Haut.) J'allais vous en prier.

CARLO.

Et, au retour de mon équipage, je m'étais élancé de la chambre dans la voiture, par le même chemin.

LA DUCHESSE.

C'est miraculeux!.. (Baissant les yeux.) Et fort dangereux pour les couturières qui logent à l'entresol... (Gaîment.) J'avais entendu raconter cette anecdote au jeune marquis de Villeray, l'ambassadeur de France...

CARLO.

Ah ! vous connaissez?..

LA DUCHESSE.

Qui m'a parlé souvent de vous... Eh bien?.. notre première leçon?.. quand !

CARLO.

Air : Restez, restez troupe jolie.

Eh ! mais, sur-le-champ... car je pense
Qu'il ne faut pas perdre un seul jour.

LA DUCHESSE.

Par quoi faut-il que je commence ?

CARLO.

Par... le menuet de la cour !

(A part, pendant que la Duchesse se débarrasse de sa mantille.

Je tiens la Duchesse à mon tour?
Un seul faux pas... et sur mon âme,
Ma vengeance peut, aujourd'hui,
Remonter, des pieds de la femme
Jusqu'à la tête du mari !

CARLO, sa pochette à la main.

Voyons... En place pour le salut!.. un peu plus en avant, ce joli pied... il ne peut que gagner à se faire voir... Arrondissons ce bras charmant... et penchons à droite cette tête... ravissante ! (A part.) Je lui en donne !

LA DUCHESSE, flattée.

Ah !.. (A elle-même.) Il a une excellente méthode.

CARLO, tendrement.

Les yeux toujours fixés sur les miens.

LA DUCHESSE, en attitude, et à elle-même.

Mais... c'est qu'il les a très éveillés... ce petit bonhomme !

CARLO.

Attention !

LA DUCHESSE.

J'attends ! *

(Carlo entame l'air du menuet, et la Duchesse commence le salut. On entend tout-à-coup la sérénade exécutée à quelques pas à droite, et qui continue pendant les répliques suivantes.)

CARLO, s'arrêtant, à part et courant à la fenêtre.

Qu'est-ce que j'entends là !.. Bonté divine !.. la sérénade de l'autre !.. (Regardant.) sous les fenêtres de... c'est clair... les seize printemps... c'était Armantine !.. et, tandis que j'apprends le menuet à sa femme... il va...

LA DUCHESSE, toujours en attitude et sans se retourner.

Eh bien ?

CARLO, très agité.

Je suis à vous !.. un peu plus d'abandon !.. (A part.) Elle croira que c'est mon signal ! elle ouvrira !.. et, comme il me l'a dit, d'une enjambée...

* La Duchesse, Carlo.

LA DUCHESSE, de même.

Qu'est-ce que vous faites donc?

CARLO.

Je suis à vous !.. Le corps droit !.. (A part.) Et pas moyen de le défier, de le forcer à se battre !.. Ah ! ma foi, la nuit qui s'avance... la foule assemblée... je ferai semblant de me tromper... tant pis !

(Il prend son épée sur une chaise au fond.)

LA DUCHESSE, à part.

Dieu ! que c'est fatigant !

CAMÉRANI, entrant par le fond.

Entends-tu la sérénade?.. Comme c'est soigné !

CARLO, le voyant et courant à lui.

Ah !.. (Bas.) Silence !.. Prends ma pochette et continue la leçon ?

CAMÉRANI, stupéfait.

La leçon ?

LA DUCHESSE, la tête toujours tournée.

J'attends, petit, j'attends.

CARLO.

Je suis à vous. (Bas, à Camérani.) Va !..

(Il s'échappe par la porte dérobée à droite.)

SCÈNE VI.

LA DUCHESSE, CAMÉRANI.

CAMÉRANI, à part, tenant sa pochette.

Que je continue la leçon?.. (Regardant la Duchesse, et se croisant les bras.) Oh ! la belle femme ! la belle femme !

LA DUCHESSE, la tête tournée.

Mais allez donc ! je ne peux pas rester une heure dans cette position !

CAMÉRANI.

Ah ! oui... c'est juste... elle aurait un torticolis.

(Il joue le menuet; la Duchesse termine le salut, puis se tourne vers lui.)

LA DUCHESSE.

Est-ce bien ?

CAMÉRANI.

Comme un ange !

LA DUCHESSE, le voyant.

Ah ! l'horreur !.. Qu'est-ce que c'est que ça ?

CAMÉRANI.

Ça ? ça ?.. mais c'est ça !.. (A part.) Oh ! la belle femme ! la belle femme !

LA DUCHESSE, brusquement.

Qui êtes-vous ? que faites-vous là ?.. Et lui, le petit, où est-il ?.. Mais parlez donc !

CAMÉRANI.

Moi... je... (A part.) Oh ! la belle femme ! la belle...

(On entend un cliquetis d'épées et des cris confus dans l'éloignement.)

LA DUCHESSE.

Ciel ! quel est ce bruit ? ce tumulte?

CAMÉRANI, à la fenêtre à droite.

Allons ! une bataille dans la rue !.. Et cet enragé de Carlo au milieu !.. C'est donc pour cela qu'il est sorti !

LA DUCHESSE.

Que dites-vous ?.. c'est lui qu'on attaque !.. Quelle horreur ! un enfant !.. Ah ! mes gens qui sont en bas... Je cours moi-même les envoyer à son aide !..

(Elle sort précipitamment par le fond.)

CAMÉRANI, seul.

Et moi, je cours chercher la garde... c'est plus sûr.

(Il va pour sortir à droite par l'escalier dérobé. Carlo reparaît, soutenant le Duc, blessé à l'avant-bras droit.)

SCÈNE VII.

CAMÉRANI, LE DUC, blessé ; CARLO.

CAMÉRANI, reculant.

Qu'est-ce que c'est que celui-là ?

LE DUC.

Oh là !.. oh !.. Ne me touchez pas !

CARLO.

Je suis désespéré !.. mais dans l'obscurité, dans la foule, le moyen de vous reconnaître ?

LE DUC.

Palsambleu ! je suis bien reconnaissable, pourtant !.. Oh ! et vos airs, votre damné : Tra la lere... (Il chante avec fureur.) Vous ne l'avez pas reconnu, non plus ?

CARLO.

Eh ! Monsieur ! on ne joue que cela dans les sérénades.

LE DUC.

Et il me l'a donné pour du neuf !

CAMÉRANI.

Tra la la lere ?.. c'est vieux comme les rues ! (A part.) On l'a volé, ce brave homme!

CARLO.

Et puis, écoutez donc... le trouble, la colère... Quand j'ai vu que cette sérénade était pour Armantine, pour celle que j'adore...

LE DUC.

Non, non, mon cher !.. ce n'était pas pour elle... je ne la connais pas, votre Armantine !.. (A part.) Il voudrait recommencer... (Haut.) C'était pour une autre, qui habite la maison voisine.

CARLO.

Et qui a aussi seize printemps ?

LE DUC.

Seize ou dix-sept... ce n'est pas un printemps de plus ou de moins qui...

CARLO.

Oh ! alors, je suis désolé du coup d'épée...

LE DUC, souffrant, au moment où Camérani veut le toucher.

Oh ! la !.. oh ! la la !.. aïe !

CAMÉRANI.

Monsieur souffre beaucoup... ça se voit à ses horribles grimaces.

LE DUC.

Ce n'est pas dangereux... mais si ma femme apprenait...

CARLO.

Votre femme ?

LE DUC.

Non, non, je n'en ai pas !.. c'est la douleur du bras... qui m'a fait tourner la langue... Je veux parler d'une autre... d'une ancienne... vous savez... on en a toujours.

CARLO.

Acceptez nos soins... mon ami est un peu chirurgien... et...

CAMÉRANI.

Si Monsieur désire une amputation... là, sans façon...

LE DUC, s'asseyant à gauche.

Au diable ! n'approchez pas !..

CAMÉRANI.

Vous ne savez pas ce que vous refusez.

CARLO.

Tenez, ce mouchoir de soie noire, pour soutenir...

LE DUC.

Volontiers... Aidez-moi.

LA DUCHESSE, en dehors.

Il est rentré par l'autre porte ?.. C'est bon !

LE DUC, se levant tout-à-coup.

Ciel ! la voix de ma femme !

CARLO.

De votre femme !

LE DUC, dans le plus grand trouble.

Oui, oui... décidément... j'en ai une !.. Si on lui a parlé de ce duel, je suis perdu !.. Sa diable de jalousie !..

CAMÉRANI, au fond.

Elle monte !

LE DUC, vivement, à Carlo.

Une idée !.. Ah ! c'est vous qui êtes blessé... J'aime mieux cela.

CARLO.

Je le veux bien... (A part.) Cela me rendra intéressant... (Haut.) Vite ! ce mouchoir !..

(Il s'enveloppe le bras, et tombe sur le fauteuil à gauche, à la place du Duc.)

LE DUC, souffrant.

Oh ! la la ! oh ! la !..

CARLO.

Taisez-vous donc !.. ce n'est plus à vous à crier, c'est à moi... Oh ! la la !.. oh ! la !..

SCÈNE VIII.

CAMÉRANI, CARLO, LE DUC, LA DUCHESSE.

LA DUCHESSE, accourant.

Où est-il?.. où... (Apercevant le Duc.) Grand Dieu! mon mari!..

(Elle reste immobile. Silence.)

LE DUC, se contraignant.

Vous ici, Madame?

CAMÉRANI, à part.

Encore la belle femme!

LA DUCHESSE, de même.

Il m'a vue!.. du sang-froid!.. (S'avançant.) Qu'y a-t-il donc, Monsieur? que se passe-t-il?.. Je revenais de notre *villa*, quand des cris, une sérénade en désordre, au milieu de la rue, ont attiré mon attention.

CAMÉRANI, bas.

Oh! la menteuse!.. elle était là, pendant...

CARLO, bas, et le bousculant.

Veux-tu te taire?

LA DUCHESSE.

On parlait d'un homme blessé, introduit dans cette maison, qui m'est inconnue... mais on prononçait votre nom... et, dans mon effroi, j'ai tout bravé... je suis accourue...

LE DUC, vivement.

Moi aussi... moi de même... je passais... par hasard... J'aime beaucoup les sérénades... et un coup d'épée... un homme blessé...

CARLO, à part.

Barbouille, barbouille.

CAMÉRANI, de même.

Barbotte, barbotte.

LE DUC.

Je me suis élancé... et j'ai reçu... (A part.) Aïe!.. (Haut.) J'ai reçu dans mes bras ce malheureux jeune homme!

LA DUCHESSE, voyant Carlo, et courant à lui.

O ciel! c'est lui!.. *

CARLO.

Oh! la!.. oh! la la!

LA DUCHESSE, le soignant.

Blessé!.. pauvre enfant! pauvre petit!

LE DUC, à part.

Allons, bon! voilà qu'elle le plaint, maintenant!

(Il fait des grimaces.)

LA DUCHESSE, à Carlo.

Vous souffrez beaucoup?

CARLO, tendrement.

Un peu moins, à présent.

(Il lui baise la main.)

LE DUC, s'avançant.

Hein?

CARLO, redoublant ses cris.

Oh! la!.. oh! la la!.. voilà que ça redouble.

* Camérani, Carlo, la Duchesse, le Duc.

LA DUCHESSE.

C'est horrible!.. Mais venez donc à son secours, Monsieur! venez donc!

LE DUC, à part.

Il ne manquerait plus que ça!..

(Nouvelles grimaces.)

LA DUCHESSE, indignée.

Vous restez là! vous ne bougez pas!.. cœur sec et froid!.. Ce malheureux est blessé, il souffre, il gémit... et vous n'y faites seulement pas attention!

CAMÉRANI.

Ah! fi! Monsieur! fi!

CARLO, faisant des contorsions.

Ah! c'est que Monsieur ne sait pas ce que c'est qu'un coup d'épée... dans le bras.

LE DUC, à part.

Et il me bafoue encore!.. je suis bafoué!

LA DUCHESSE, à Carlo, qui veut lui baiser la main.

AIR : Qu'il est flatteur d'épouser celle, etc.

Soyez calme, de la sagesse!
Posez votre bras sur le mien.

LE DUC, à part.

On le dorlotte, on le caresse!
Ce petit brigand... qui n'a rien!

CARLO, baisant la main de la Duchesse.

Cela va mieux, je vous l'assure.

LE DUC, à part.

Voyez!.. il a, lui, mon rival,
Les revenus de ma blessure...

(Faisant une grimace, en montrant son bras.)

Et me laisse le capital!

CARLO, plus fort.

Oh! la la!

LA DUCHESSE, prenant le Duc par le bras.

Mais, venez donc!

LE DUC, poussant un grand cri.

Ah!

LA DUCHESSE, indignée.

Comment! c'est vous qui criez, quand c'est lui qui souffre!

CARLO, d'un ton hypocrite.

Ah! Monsieur, c'est affreux!

CAMÉRANI.

Ah! Monsieur, c'est indigne!

LE DUC.

Je... je crie, parce que ça me fait mal... de le voir souffrir... (A part.) J'ai eu là une bien mauvaise idée!

LA DUCHESSE.

Mais, enfin, ce duel... pourquoi?.. à quel propos?..

LE DUC, à part.

Mettons-lui tout sur le corps, ah! bah!.. (Haut.) Faut-il le demander?.. des jeunes gens... pour une femme!.. c'est clair.

CAMÉRANI, étourdiment.

Là! je m'en doutais!.. la petite qui est venue ce matin!

LE DUC, vivement, et s'oubliant.

Plaît-il?.. Elle est venue!.. ici!.. elle!

LA DUCHESSE.

Qui, elle?

CARLO, à part.

A l'autre!.. (Criant pour détourner l'attention.) Oh!.. oh! la la!

LE DUC, à part.

Ah ça! mais, il crie trop, à la fin!.. il abuse!

LA DUCHESSE, insistant.

Répondez, Monsieur... Qui, elle?.. Et que vous importe?.. répondez!

LE DUC, se remettant, et riant.

Moi?.. Oui, au fait, que m'importe?.. Est-ce que cela me regarde?.. (A Camérani.) Qui, elle, Monsieur?.. Répondez!.. (Carlo lui fait des signes.) Une lingère... une grisette?

CAMÉRANI, qui ne voit pas les signes de Carlo.

Vous n'y êtes pas du tout... il ne s'agit pas de celles-là... je vous parle, moi, de Mlle Armant...

CARLO, lui marchant sur le pied.

Bavard!..

CAMÉRANI, poussant un cri aigu.

Ah!.. oh!

LA DUCHESSE.

Qu'est-ce qu'ils ont donc?.. ils crient tous!

LE DUC, à part, furieux.

Ah ça! mon coup d'épée fait crier tout le monde... il n'y a que moi qui n'en ai pas le droit!..

LA DUCHESSE, à part.

Tout cela n'est pas clair... le trouble de mon mari... (Haut.) M. le Duc... nous causerons...

CAMÉRANI, à part.

C'est un duc!

LE DUC, très empressé.

Comment donc, chère amie... aussi longtemps... que je pourrai.

CARLO, à part.

Je la plains!

LA DUCHESSE, de même.

Il me faut une explication... je me débarrasse de mon mari, et je remonte.

LE DUC, de même.

Cet imbécille a dit : Armant... et il s'est arrêté... Serait-ce?.. Je mets ma femme en voiture, je cours chez la petite, et, si je ne la trouve pas chez elle... je retombe ici, comme une bombe!

LA DUCHESSE.

Votre bras, M. le Duc?

LE DUC, effrayé.

Mon... (A part.) Offrons le gauche.

(Il passe à la droite de la Duchesse.)

LA DUCHESSE.

Non, non, par ici!

LE DUC, à part, reprenant sa place.

Si elle appuie, je suis perdu!

ENSEMBLE.

AIR : Valse de Strauss.

On me trompe, je crois!
Aux complots, quelquefois,
Un mari, je le vois,
Doit s'attendre!
S'ils m'abusent tous deux,
A l'instant, en ces lieux,
Je reviens, furieux,
Les surprendre!

LA DUCHESSE, à part.

Il me trompe, je crois!
Aux mensonges, parfois,
Une femme, je vois,
Doit s'attendre!
Mais, bientôt en ces lieux,

(Montrant Carlo et Camérani.)

Je saurai tout par eux,
Car je peux,
Si je veux,

(Montrant son mari.)

Le surprendre!

CARLO et CAMÉRANI, à part.

Comme il est aux abois!
Un mari, je le vois,
Aux ennuis quelquefois
Doit s'attendre!
Il s'en va furieux;
Mais, craignons tous les deux
Qu'il ne vienne en ces lieux
Nous surprendre!

LA DUCHESSE.

Venez, Monsieur.

(Elle l'entraîne. Il fait des contorsions pour ne pas se trahir.)

SCÈNE IX.

CARLO, CAMÉRANI.

CAMÉRANI, s'approchant doucement de Carlo.

Eh bien? ça va-t-il mieux, mon pauvre ami?

CARLO, se levant brusquement, et allant à lui.

Animal! sot! bélître!.. tu n'as dit et fait que des bêtises!

CAMÉRANI.

Ah bah!.. tu m'étonnes!

CARLO.

Une autre fois, pour Dieu! avant de parler, regarde-moi bien, dans les yeux, et dis comme moi... sans t'embarrasser du reste.

CAMÉRANI.

C'est convenu!.. c'est humiliant, mais c'est convenu.

CARLO.

Que diable! j'ai plus d'esprit que toi, je crois!

CAMÉRANI.

Tu le crois... ça suffit à ton amour-propre... (A part.) L'homme ne se repaît que d'illusions... enfin!

CARLO.

Aurais-tu deviné que le Duc n'est sorti d'ici que pour aller chez Armantine?

CAMÉRANI, étonné.

Ta parole d'honneur?

CARLO.

C'était clair... après ton imprudence... Il médite quelque coup décisif, ce gros Parmesan!.. et il faut que je surveille ses démarches... Cours t'embusquer au coin de la rue, et si tu le vois entre chez la pauvre enfant...

CAMÉRANI.

Je viens t'en avertir.

CARLO.

Très bien!.. ton intelligence se développe à vue d'œil.

CAMÉRANI, à part.

Il me rend justice!.. (Haut.) Mais pourquoi n'y vas-tu pas toi-même?

CARLO.

Parce que sa femme ne tardera pas à revenir... J'ai vu cela aussi dans ses yeux... et je veux couler à fond le diplomate.

CAMÉRANI.

C'est dit... En même temps, j'achèterai du tabac... Je remplirai Mars et Vénus... (Montrant sa tabatière.) qui est à sec!

CARLO.

C'est bon... dépêche-toi... car nous voici dans le coup de feu, et j'ai idée que j'aurai besoin de toi.

CAMÉRANI, lui serrant la main.

Tu m'as rendu justice, je suis content... Amitié éternelle!.. Je vais acheter du tabac.

(Il sort par la porte dérobée à droite.)

SCÈNE X.

LA DUCHESSE, entrant rapidement par le fond; CARLO.

LA DUCHESSE.

C'est moi!

CARLO, à part.

La Duchesse!.. Qu'est-ce que je disais?

LA DUCHESSE.

Je suis pressée... deux mots seulement. Mon mari m'a fait monter en voiture et s'est éloigné précipitamment; mais il était trop tard... je sais tout!

CARLO.

Quoi donc?

LA DUCHESSE.

En descendant l'escalier, un faux pas m'a forcée de m'appuyer sur son bras... il a fait une grimace... abominable!

CARLO.

Hélas! Madame, on les fait comme on peut.

LA DUCHESSE.

Je ne l'avais jamais vu si laid.

CARLO.

C'est que vous ne l'aviez jamais bien regardé.

LA DUCHESSE.

Je rentre... et je vous trouve ingambe, bien portant!..

CARLO.

Je vous remercie, cela ne va pas trop mal.

LA DUCHESSE, avec force.

Ce n'est pas vous qui êtes blessé... c'est lui!

CARLO, gravement.

C'est l'exacte vérité.

LA DUCHESSE.

Il s'est battu avec vous!

CARLO, après un court silence.

Ah! grand Dieu! moi, un pauvre petit maître à danser... toucher au corps diplomatique!

LA DUCHESSE.

Mais... avec qui donc?

CARLO.

Je ne sais... dans l'obscurité...

LA DUCHESSE.

Vous étiez auprès de lui!..

CARLO.

Je vous donne ma parole d'honneur qu'il m'a été impossible de voir en face son adversaire.

LA DUCHESSE.

Mais, enfin... pour qui s'est-il battu?.. (Vivement.) Pour une femme!

CARLO.

Non, Madame.

LA DUCHESSE.

Ah! je respire.

CARLO.

Pour une jeune fille.

LA DUCHESSE.

Ah! le monstre!

CARLO, avec chaleur.

Oui, Madame, oui!.. un monstre qui vous trompe, vous trahit!.. vous, son trésor, dont il ne sait pas le prix! vous qui brillez comme une perle devant ce... l'expression m'échappe... Mais vous savez ce qu'il est, ce qu'il ose, comment il répond à l'amour...

LA DUCHESSE, fièrement.

Je ne l'aime pas, Monsieur... je ne l'ai jamais aimé, je vous prie de le croire.

CARLO, s'inclinant.

Je ne vous fais pas une pareille injure.

LA DUCHESSE.

Mais, s'il m'avait trompée!

CARLO, vivement.

Oui!

LA DUCHESSE.

Je l'en punirais!

CARLO, de même.

Oui!

LA DUCHESSE.

Sur-le-champ !

CARLO, avec explosion.

Oui ! vengez-vous! vengez-vous! vengez-vous!

LA DUCHESSE, entraînée.

Air du vaudeville du Baiser au Porteur.

Me venger !.. ô plaisir extrême !
De le punir, l'indigne suborneur !
On dit, et je sens là, moi-même,
Que la vengeance est un bonheur !

CARLO, vivement.

A nous deux, nous pouvons, je pense,
Réaliser ce rêve si flatteur !
C'est moi qui serai la vengeance !..
C'est vous qui serez le bonheur !

LA DUCHESSE, vivement.

Silence !.. Ecoutez... on monte lourdement l'escalier !..

CARLO.

Ce doit être lui !

(Il remonte au fond.)

LA DUCHESSE, troublée.

M'aurait-il suivie?.. et serait-ce, au contraire, pour me surprendre?.. Impossible de fuir !..

CARLO.

Il vient !

LA DUCHESSE, se jetant précipitamment dans la chambre de Carlo à droite.

Ah! pas un mot!

CARLO, triomphant.

Dans ma chambre !.. elle aussi !

SCÈNE XI.

LE DUC, CARLO.

LE DUC, ouvrant vivement la porte du fond.

J'en étais sûr !.. elle est ici !

CARLO.

Oh!

(Il ferme brusquement la porte de droite et s'y colle.)

LE DUC.

Ah! ah! je vous y prends, M. le danseur !

CARLO, riant.

Votre serviteur... M. l'ambassadeur.

LE DUC.

Oh ! n'essayez pas de rire!.. Elle est ici, et vous allez m'ouvrir cette porte sur-le-champ !

CARLO, à part.

Il l'a vue! Me voilà bien !.. (Haut, en s'efforçant de rire.) Je... je ne comprends pas.

LE DUC, raillant.

Ah! vous ne comprenez pas ?.. c'est pourtant bien clair. Dans un moment de dépit, elle m'avait menacé de faire un coup de tête... de venir chez vous... puisque vous ne pouvez aller chez elle!.. J'en sors, elle n'y est pas... j'accours, et je vous surprends fermant à la hâte la porte de cette chambre... D'où je conclus qu'elle est ici!.. qu'elle est ici!.. Comprenez-vous?

CARLO, à part.

Quel amphigouri !.. je n'y suis plus du tout !.. (Haut.) Ah çà! voyons, de qui parlons-nous donc tous deux ?

LE DUC.

De celle qui est là-dedans.

CARLO.

Mais...

LE DUC.

Dont j'ai parfaitement distingué la robe.

CARLO, à part.

Il a reconnu sa femme !

LE DUC.

Et qui va rentrer sous mon autorité !.. (Le regardant, et entre ses dents.) Sans compter la petite correction que je te réserve, à toi !

CARLO, à part.

Elle est perdue !

LE DUC, élevant la voix, et avec colère.

Sortez, sortez à l'instant, Mlle Armantine!..

CARLO, à part.

Armantine !.. Comment ! il croit que...

(Il étouffe un éclat de rire.)

LE DUC, furieux.

Vous osez rire, danseur !

CARLO.

Non, ambassadeur, je ne ris pas... mais je vous jure...

LE DUC.

Je ne vous crois pas !

CARLO.

Sur l'honneur !..

LE DUC.

Ouvrez cette porte!

CARLO.

Jamais !

LE DUC.

Ouvrez cette porte !

CARLO, fièrement, et devant la porte.

J'aimerais mieux... recevoir un second coup d'épée de vous!

LE DUC.

Comme celui de ce matin ?

CARLO.

Absolument dans le même genre !

LE DUC.

Ah ! c'est trop fort!.. et puisque vous m'y obligez, danseur... mes gens sont là... ils sont trois, et, à nous quatre, nous vous forcerons bien...

CARLO, effrayé, à part.

Ah! mon Dieu! que faire?

LE DUC, allant au fond.

Holà ! mes...

(Il s'arrête stupéfait, en se trouvant en face d'Armantine qui entre par le fond.)

Ah!..

CARLO, étonné.

Armantine !..

ARMANTINE, confuse.

Le Duc!

(Le Duc regarde successivement Armantine et Carlo, qui, se campant sur la hanche, se croisant les bras, le toise d'un air victorieux.)

SCÈNE XII.

LE DUC, ARMANTINE, CARLO.

CARLO, triomphant.

Eh bien! Monsieur?.. eh bien?

(Il balance la tête.)

LE DUC, étonné.

Il est clair que... puisqu'elle est là... elle ne peut pas être...

(Il montre la porte de droite.)

ARMANTINE, confuse et balbutiant.

Pardon... je venais...

CARLO, à part.

Et tu arrives bien à point!

LE DUC.

Oui, Mademoiselle, oui, je sais... vous m'aviez menacé de venir... (Vivement.) et j'en suis enchanté, à présent!.. Vous allez juger par vous-même de l'amour de ce danseur. Une femme...

CARLO.

N'achevez pas!

ARMANTINE, jalouse.

Une femme?..

LE DUC, montrant la porte à droite.

Est cachée dans sa chambre.

ARMANTINE.

O ciel!

CARLO, à part.

Patatras!

LE DUC.

J'ai vu sa robe, je l'ai vue!

CARLO.

Armantine!.. je vous jure!

LE DUC.

Si ce n'est pas une femme, ouvrez cette porte! osez l'ouvrir!

ARMANTINE.

Oui, voyons!.. (Silence de Carlo. Armantine s'éloigne de lui.) Ah! quelle indignité! *

CARLO, s'approchant et suppliant.

Armantine!

LE DUC.

Ne l'approchez pas, danseur!.. Elle s'est réfugiée... (Il soulève le bras droit et fait un cri.) Ah!.. (Etendant son bras gauche du côté d'Armantine.) sous mon bras gauche! (Ricanant.) Quant à celle qui est là-dedans... (Montrant la chambre.) je m'en moque!.. je m'en moque comme de ça!.. (L'ongle sous la dent.) Aimez-la, prenez-la, faites-en ce que vous voudrez... je vous la livre, je vous l'abandonne!.. Allez donc!.. vous êtes jeune, amusez-vous... ah! ah! ah!

CARLO.

Vraiment!.. vous... (Se laissant aller, et riant aux éclats.) Ah! ah! ah!..

ARMANTINE.

Il rit!.. Ah! c'est affreux!.. une femme!.. chez lui.

CARLO.

Mais non!

LE DUC.

J'ai vu sa robe!

CARLO.

Il n'a rien vu!

ARMANTINE.

Alors, pourquoi ne pas vous justifier?.. pourquoi ne pas ouvrir cette porte?

CARLO, embarrassé.

Pourquoi? pourquoi?.. parce que... (Se décidant.) Eh bien! oui!.. puisqu'on me pousse à bout!.. Oui, une femme est là!.. une femme superbe!.. une femme magnifique!..

LE DUC, riant aux éclats.

Mais, garde-la... mais, garde-la... je ne veux pas te la prendre!

CARLO.

Mais... je jure que ce n'est pas pour moi.

(Camérani paraît à la porte secrète de droite.)

ARMANTINE et LE DUC.

Pour qui donc?

SCÈNE XIII.

ARMANTINE, LE DUC, CARLO, CAMÉRANI, portant un petit cornet de papier.

CARLO.

Pour Lindor!

CAMÉRANI, à la porte secrète.

Qu'est-ce que c'est?.. Qui est-ce qui demande Lindor?

CARLO, allant à lui et le ramenant.

Elle!.. la malheureuse qui t'attend!.. (Le secouant.) Sais-tu à quoi tu m'exposes, grand libertin, avec tes bonnes fortunes?

CAMÉRANI, ébahi.

Moi?

CARLO, montrant le cornet.

Tenez, tenez!.. il vient encore d'acheter des friandises pour régaler sa passion!

CAMÉRANI, bas.

C'est du tabac!

CARLO, lui donnant un coup de coude.

Va donc!

CAMÉRANI, bas.

Ça te sert?.. Bon, bon, bon!.. Attends!

LE DUC.

Ruse! fourberie!.. Cette femme, pour ce grand balourd?.. Allons donc!.. il est trop laid!

CAMÉRANI, à Carlo.

Qu'est-ce qu'il a dit?

* Armantine, le Duc, Carlo.

ARMANTINE, soupirant.

C'est vrai.

CARLO.

Tu le vois!.. me voilà victime de tes déportemens scandaleux... tu introduis ici des femmes superbes, tu les caches, et...

CAMÉRANI, avec fatuité et passant près du Duc.

Eh bien! après?.. Si elles m'aiment, ces femmes superbes?.. Si quelques agrémens et une certaine tournure égarent leur faible raison... faut-il prendre un bâton pour... Allons donc!.. Oui, j'ai des femmes, Messieurs...* J'en ai quelques-unes, Messieurs!..

Air de Francesca.

Oui, comme l'aimable Joconde,
Mon maître et mon prédécesseur,
Je cours de la brune à la blonde,
Je voltige de fleur en fleur.
Et si ma taille, ma figure,
Trop souvent me rendent vainqueur,
N'accusez pas mon faible cœur...
Prenez-vous-en à la nature.

CARLO.

Vous l'entendez!

CAMÉRANI, avec aplomb.

Oui, j'ai caché ici, ce matin... une femme de toute beauté... qui m'adore... qui a des yeux... des... (Voyant Armantine baisser les yeux et un mouvement du Duc.) N'ayez pas peur... je gaze, je gaze...

CARLO, à Armantine.

Vous voyez bien!

LE DUC, à Camérani.

Vous avez le front de soutenir!..

(Camérani prend le Duc à part; Armantine remonte, veut sortir; Carlo la rejoint et lui parle bas avec chaleur.)

CAMÉRANI, au Duc, bas.

Il faut bien que jeunesse se passe... et la mienne est assez orageuse... je ne veux pas dire cela devant cette jeune fille... Le fait est que j'en fais trop, il n'y a pas de bon sens!.. Mais, ce n'est pas une raison pour accuser mon ami Bertinazzi de...

LE DUC, vivement, bas.

Qu'avez-vous dit?

CAMÉRANI, continuant, bas.

De cacher des femmes dans...

LE DUC, lui saisissant le bras, et bas.

Bertinazzi!.. Carlo Bertinaz...

CAMÉRANI, à part, effrayé.

Oh! qu'est-ce que j'ai dit là?.. ça m'a échappé!..

LE DUC.

Votre ami s'appelle?..

CAMÉRANI, plus bas.

Non!.. c'est-à-dire... ne nous trahissez pas!.. chuuut!.. Nous avons des raisons pour garder l'incognito... des affaires de cœur...

* Armantine, le Duc, Camérani, Carlo.

LE DUC, à part.

C'est lui!.. je le tiens! Et mon ordre d'extradition!.. excellent moyen de se débarrasser d'un rival!

CAMÉRANI.

Vous dites?

LE DUC.

Rien, rien... (Le repoussant et passant devant lui.) Otez ça! ôtez ça!.. * (A Armantine.) Venez, Mademoiselle, venez!

CARLO, vivement.

Non! elle ne vous suivra pas!.. Elle vous déteste!..

ARMANTINE, de même.

Certainement.

LE DUC.

Plaît-il?

CARLO, appuyant.

Très bien!

ARMANTINE, à Carlo.

Et vous aussi!

CARLO.

Plaît-il?

LE DUC, appuyant.

Très bien!

ARMANTINE, à Carlo.

Car vous m'avez trompée... je ne suis pas dupe de cette comédie, et je ne vous pardonnerai jamais!

(Elle sort.)

LE DUC.

Bravo!

CARLO, furieux.

Allez-vous-en tous au diable!

LE DUC.

Je n'irai pas si loin. (A part.) A la police!.. un exempt, une chaise de poste, et en route jusqu'à Palerme, signor Bertinazzi!.. (Haut.) A bientôt, danseur... vous aurez de mes nouvelles, danseur... vous... vous aurez de mes nouvelles!

(Il sort.)

CARLO.

Et moi, j'ai ta femme!

CAMÉRANI, à Carlo.

Nous avons sa femme! (Remontant et criant.) Au fait, nous avons ta femme, toi... voilà ce que nous avons!..

SCENE XIV.

CARLO, LA DUCHESSE, sortant de la chambre à droite; CAMÉRANI.

LA DUCHESSE, au comble de la fureur, sur le pas de la porte.

Mon mari est un scélérat!

CARLO, à la Duchesse.

Vous avez tout entendu?

LA DUCHESSE.

Tout!

* Camérani, le Duc, Armantine, Carlo.

CAMÉRANI, encore en haut, à part.

Encore la belle femme!.. Ah ça! elle loge donc chez nous?

LA DUCHESSE, se rapprochant de Carlo.

Quelle est cette petite?

CARLO.

Je ne sais... je ne la connais pas.

LA DUCHESSE.

N'importe!.. ma vengeance est prête!.. Vous en serez!

CARLO.

Vrai?

CAMÉRANI, qui est redescendu à droite.

Nous en serons?

LA DUCHESSE.

Je quitte Florence, je pars pour ma *villa*... Mais, attendez!.. dans un instant, vous aurez de mes nouvelles!..

(Elle sort par le fond.)

CARLO.

Juste comme l'autre! *

CAMÉRANI.

Il paraît que nous allons avoir des nouvelles de tous les côtés.

CARLO, gaîment.

Oui, mais j'ai idée que ce sera plus amusant du côté de la femme! Songe donc, une duchesse en colère... une *villa* isolée... un carrosse mystérieux qui va m'entraîner...

CAMÉRANI, souriant malgré lui.

Tais-toi! tais-toi!

CARLO.

Un boudoir obscur... une atmosphère embaumée...

CAMÉRANI, frissonnant.

Brrr!.. tais-toi donc!.. tu me fais venir la chair de poule!

CARLO.

Et quand je serai près d'elle... (Tout-à-coup.) Ah! mon Dieu! mais, quand je serai près d'elle, il sera peut-être près d'Armantine! (Courant à la fenêtre et se rassurant.**) Non... elle est seule... près de sa fenêtre... Eh! vite! mon habit de voyage!.. J'aurai encore le temps de la voir, et de me justifier avant de monter en voiture.

(Il entre dans sa chambre à droite.)

CAMÉRANI, seul.

Est-il heureux, ce coquin-là!.. des femmes par-ci... des femmes par-là... qui l'adore, qui l'idolâtrent!.. Et moi, qui me vantais!.. Dire que j'ai atteint vingt-neuf ans sans connaître la douceur d'être aimé pour moi-même!.. Ah! si jamais une belle occasion se présentait...

* Carlo, Camérani.
** Camérani, Carlo.

SCÈNE XV.

UN GRISON, CAMÉRANI.

LE GRISON, qui est entré par la porte dérobée, à voix basse.

Monsieur...

CAMÉRANI.

Hein?

LE GRISON.

Monsieur Carlo?

CAMÉRANI.

Qu'est-ce que vous voulez?

LE GRISON.

De la part de la Duchesse.

CAMÉRANI, à part, avec joie.

La Duchesse!.. Oh! l'occasion demandée!.. Haut, avec aplomb.) Parlez bas... C'est moi!..

LE GRISON, étonné.

Vous?

CAMÉRANI, à part.

Puisque je l'ai prise à mon compte, il est juste que j'en profite... et puis, une Duchesse!..* O Dieu!.. je donnerais tout ce que je possède!.. je donnerais Mars et Vénus... (Au Grison.) De quoi s'agit-il?

LE GRISON, à mi-voix, et en confidence.

La voiture est en bas.

CAMÉRANI, à part.

La voiture qui l'attend!.. C'est cela!.. et l'atmosphère embaumée!.. le boudoir obscur!.. Qu'est-ce que je risque?.. on ne pourra distinguer... (Haut.) Filous!..

LE GRISON.

Un moment!.. Il y a une petite condition...

(Il lui montre un mouchoir plié en bandeau.)

CAMÉRANI.

Je les accepte toutes... Mais, un instant... Laisse-moi prendre mon manteau couleur de muraille, qui me sert dans mes rendez-vous galans!.. Il est encore tout neuf!.. Suis-moi par ici.

(Il entraîne le grison dans sa chambre à gauche.)

SCÈNE XVI.

CARLO, UN EXEMPT, ouvrant la porte du fond.

L'EXEMPT.

Comment!.. personne?..

CARLO, en habit de voyage, et reparaissant à droite. **

Camér... (Voyant l'Exempt.) Hein?.. Quel est ce Monsieur?.. Qui demandez-vous?

L'EXEMPT.

Monsieur Carlo.

* Camérani, le Grison.
** L'Exempt, Carlo.

CARLO.

C'est moi.

L'EXEMPT.

La voiture vous attend.

CARLO.

Ah ! je sais... (A part.) La duchesse ! (Haut.) Parlez bas... C'est pour aller à la *villa*.

L'EXEMPT, étonné.

Quelle *villa* ?

CARLO, d'un air d'intelligence.

A deux lieues de Florence.

L'EXEMPT.

A soixante-dix lieues !.... Nous arriverons après demain à Parme.

CARLO, reculant.

A Parme !.. Ah ! mais, ce n'est plus ça... Je suis trahi !.. Je vois déjà l'instrument fatal !.... (Il veut s'échapper.) Je n'irai pas !..

L'EXEMPT, criant.

A moi, mes hommes!

CARLO, criant aussi.

A moi, Camérani ! (Deux hommes entrent du fond et saisissent Carlo, qu'ils entraînent près de la porte en l'empêchant de crier. Au même instant, Camérani reparaît, les yeux bandés, enveloppé de son manteau, conduit par le grison, et traverse le théâtre de gauche à droite. L'apercevant.) Qu'est-ce que je vois là ?..

CAMÉRANI, à lui-même.

O amour ! ton bandeau m'aveugle... que ton flambeau m'éclaire !

CARLO, se débattant.

Ah ! le brigand a pris ma place !.. (Criant.) Camérani ! je te défends !.. Camérani, tu ne mourras que de ma main !

(Camérani l'entend et se moque de lui par gestes. On étouffe ses cris, et on l'entraîne au moment où Camérani atteint la porte dérobée. — La toile tombe.)

FIN DU PREMIER ACTE.

ACTE II.

Le théâtre représente un petit salon, dépendant du foyer des acteurs. Au fond, une fenêtre en saillie donnant sur la rue. A gauche du public, au troisième plan, porte battante ouvrant sur le théâtre ; au premier plan, petite porte du salon de la loge de l'ambassadeur de France, avec guichet grillé. A droite, au troisième plan, entrée commune, qui conduit dans la salle. Au premier plan, la loge de l'arlequin, avec ces mots sur la porte : M. LOCATELLI. Au fond, une contre-basse; portraits et bustes d'acteurs.

SCÈNE I.

L'IMPRÉSARIO, assis à gauche, GARÇONS DE THÉATRE.

CHŒUR.

Air de la Prova.

Allons, puisqu'on nous le commande,
Au milieu d'un succès si beau...
Sur notre affiche il faut mettre une bande
Et rendre l'argent au bureau !

L'IMPRÉSARIO, se levant et se promenant de long en large, en se frappant le front.

Eh bien ! qu'est-ce que vous faites là ? C'est donc un spectacle bien divertissant, que la vue d'un malheureux directeur de théâtre au désespoir ?.. Allez !.. enlevez les décors et éteignez le lustre !.. Sauvons du moins l'honneur et la dernière goutte d'huile !.. (Les garçons de théâtre sortent.) Le scélérat ! le brigand !.. Je n'ai plus qu'à me jeter par la fenêtre ! (Il s'avance et ouvre la fenêtre du fond.) Un entresol !.. Je ne me casserais qu'une jambe, et je ne peux pas me contenter de ça... Ah !.. il me reste encore ma cravate... (Il l'arrache.) Oui, demain, on lira dans Florence : (D'une voix émue.) « L'infortuné Tadolino a été trouvé pendu dans le foyer de son théâtre... Tout le monde l'avait abandonné dans son malheur !.. Sa cravate seule lui resta attachée jusqu'au dernier moment... » Allons !

(Il s'apprête à se pendre, en montant sur une chaise et liant à son cou un bout de la cravate et en fixant l'autre à une patère à droite.)

SCÈNE II.

CARLO, L'IMPRÉSARIO.

CARLO s'est élancé tout-à-coup sur le balcon, s'est accroché à la balustrade, et semble suivre quelqu'un des yeux.

Ils ne m'ont pas vu !.. La voiture file au galop !.. Sauvé !

L'IMPRÉSARIO, s'arrêtant.

Qui est-ce qui a l'indiscrétion de m'interrompre ?...

CARLO, allongeant la tête.

Chez qui suis-je tombé ?.. Encore une jolie couturière, comme l'autre fois !..

(Il s'élance dans le salon.)

L'IMPRÉSARIO, se retournant.

Qui va là ?

CARLO.

Tadolino !

L'IMPRÉSARIO, descendant de sa chaise.

Carlo !

CARLO.

Je suis donc... (Regardant.) Eh ! oui, *per Jove*, dans le petit foyer du théâtre !

L'IMPRÉSARIO.

Par où diable êtes-vous entré ?

CARLO, montrant la fenêtre.

Par cette porte dérobée... Et vous ?.. Que faisiez-vous donc là ?

L'IMPRÉSARIO.

Je... j'essayais une nouvelle cravate.

CARLO, se rapprochant.

Ah !.. moi, j'essayais une nouvelle voiture... Les chevaux m'emportaient !..

L'IMPRÉSARIO.

Bah !

CARLO.

M'emportaient beaucoup plus loin que je n'aurais voulu !.. Ma foi ! apercevant cette fenêtre d'entresol, je me suis rappelé certaine cabriole, que j'avais déjà employée avec succès... Et, tenez, c'est de votre répertoire : le saut d'Arlequin, de notre fameux Locatelli, dans *Colombine aux Enfers* !..

L'IMPRÉSARIO, l'arrêtant.

Ah ! mon Dieu !.. Eh ! oui, ce qu'on raconte de votre souplesse... vos imitations de Locatelli !.. C'est donc bien vrai ?

CARLO, riant.

Oui... je joue son rôle tout entier devant mes élèves... Mais il ne s'agit pas...

L'IMPRÉSARIO, transporté de joie.

Si, mon cher !.. c'est le ciel qui vous envoie !..

CARLO, riant.

Par la fenêtre ?

L'IMPRÉSARIO.

Vous pouvez être mon sauveur ! (D'un ton lamentable.) Vous savez le succès fou de *Colombine aux Enfers*, ma pièce nouvelle ?.... Tous les jours, trois mille piastres... et, ce soir, la cour qui devait honorer la représentetion de sa présence !.. J'avais doublé le prix des places !..

CARLO, imitant son ton pleurard.

Eh bien ! il n'y a pas de quoi pleurer !.. Votre fortune est faite !

L'IMPRÉSARIO.

Eh non !.. je suis ruiné !.. plus de *Colombine aux Enfers* ! plus d'arlequin !

CARLO.

Comment ?

L'IMPRÉSARIO.

Ce scélérat de Locatelli a disparu !

CARLO.

Ah bah ! (A part.) C'est donc pour ça qu'il essayait une nouvelle cravate ?

L'IMPRÉSARIO.

Un misérable, que j'ai comblé ! qui buvait ses appointemens d'avance !

CARLO.

L'avez-vous fait chercher dans tous les cabarets de la ville ?

L'IMPRÉSARIO.

C'est par là que j'ai commencé... Il n'était dans aucun.

CARLO.

Oh ! alors, il est perdu !

L'IMPRÉSARIO, avec explosion.

Non ! il est retrouvé... puisque vous savez le rôle ! puisque vous l'avez répété devant vos élèves ! que vous pouvez le jouer à l'instant !

CARLO, se récriant.

Hein ? plaît-il ?...

L'IMPRÉSARIO.

Rien à changer !.. Son costume est là, dans sa loge...

CARLO, voulant sortir.

Serviteur !

L'IMPRÉSARIO, le retenant.

Il vous ira à ravir... Vous êtes de la même taille...

CARLO.

Allons donc !.. monter sur les planches !... un ex-page ! jamais !... C'est pour le coup que le duc de Parme me recevrait avec une poignée de... sottises !

L'IMPRÉSARIO.

Mais...

CARLO, d'un air résolu.

Impossible, vous dis-je ! je ne jouerai pas ! (A mi-voix.) Et puis, s'il faut vous l'avouer... vous êtes un honnête homme... j'ai une mauvaise affaire... qui me force à quitter Florence ! un ennemi capital, et si je le rencontrais nez à nez !..

(Il va pour sortir à droite.)

LE DUC, en dehors.

Où est-il donc, ce directeur ?

CARLO, s'arrêtant effrayé.

C'est lui !.. le duc !.. Je me suis jeté dans la gueule du loup !..

LE DUC, en dehors.

Au petit foyer !.. C'est bon.

L'IMPRÉSARIO, voyant courir Carlo dans tous les sens.

Où courez-vous ?

CARLO, troublé.

Un cabinet !.. une armoire !.. un trou !.. Ah! cette porte !..

(Il y court.)

L'IMPRÉSARIO.

C'est la loge de l'arlequin.

CARLO, tenant la porte de droite.

Ne dites rien... pas un mot... ou je suis perdu !.. Le voilà !

(Il disparaît.)

L'IMPRÉSARIO, étonné.

Qu'est-ce que cela signifie ?

SCÈNE III.

L'IMPRÉSARIO, LE DUC, CARLO, caché.

LE DUC, entrant par la droite, troisième plan.

Eh bien! eh bien! mon cher... c'est donc vrai? Vous ne jouez pas ce soir?..... Ce diable de Locatelli se sera grisé et sera tombé dans la rivière!.. Cela m'arrange.

L'IMPRÉSARIO.

Comment, Monseigneur!..

LE DUC.

Non pas qu'il se soit noyé!.. Qu'est-ce que cela me fait?.... Mais que vous ne jouiez pas ce soir!.. Je suis dans le coup de feu d'une entreprise galante... et ce relâche va me donner les moyens d'en finir!..

CARLO, entr'ouvrant la porte.

Que dit-il?.. Ecoutons.

(Il referme la porte.)

L'IMPRÉSARIO, inquiet et jetant un regard du côté de Carlo.

Je serais curieux de savoir...

LE DUC.

Je puis vous le confier : C'est pour cette petite Armantine..... qui me fait perdre un temps!.. Tête-bleue!.. je suis habitué à mener les femmes plus rondement que ça!.. (Elevant la voix.) Figurez-vous d'abord que j'avais un rival!..

L'IMPRÉSARIO, distrait.

Vous, Monseigneur!..

LE DUC.

Ça vous étonne?.. Oui, vraiment!.. Un petit, pas plus haut que ça... dont je me suis débarrassé le plus lestement... (Il rit.) Ah! ah! ah!

CARLO, dans le cabinet.

Ah! ah! ah!..

LE DUC, s'arrêtant.

Qui est-ce qui rit par là?.. Vous avez un écho?

L'IMPRÉSARIO.

Ne faites pas attention... Un acteur qui étudie son rôle.

LE DUC, continuant.

J'ai fait coffrer mon drôle... et à l'heure qu'il est, il roule... oh! oh! oh!

CARLO, dans le cabinet.

Oh! oh! oh!

LE DUC, s'arrêtant.

Il est fort gai, votre acteur... Mais à quel propos étudier, puisque vous ne jouez pas?

L'IMPRÉSARIO, regardant la loge d'Arlequin.

Pardon... j'attends encore... je ne sais...

LE DUC.

Laissez donc!.. sans arlequin, Colombine ne peut aller toute seule aux enfers!.. et puisque la petite a un relâche, j'en profite pour l'enlever.

(On entend jeter une chaise avec violence dans la loge.)

L'IMPRÉSARIO, à part.

Qu'est-ce donc?

(Il remonte et va à la loge de l'arlequin.*)

LE DUC.

Il répète avec les gestes, votre acteur. (Continuant.) Oui, tête-bleue!.. en sortant d'ici, je propose à ma belle une promenade en calèche...

L'IMPRÉSARIO, regardant par le trou de la serrure de la loge.

Eh! mais!.. il passe la veste!

LE DUC.

Je la conduis à ma petite maison...

L'IMPRÉSARIO, de même.

Il met le masque!

LE DUC.

Et fouette cocher!.. eh! eh! eh!

L'IMPRÉSARIO, revenant à lui et se frottant les mains.

Eh! eh! eh! ce ne sera pas encore pour aujourd'hui, Monseigneur.

LE DUC.

Qu'est-ce à dire?

L'IMPRÉSARIO, criant au fond.

Rouvrez les bureaux, rallumez le lustre... et triplez le prix des places! **

LE DUC, étonné.

Vous ne remarquez pas, Imprésario, que vous jetez un ambassadeur dans la stupéfaction!.. Qu'est-ce que tout cela veut dire?

L'IMPRÉSARIO, joyeux.

Que nous jouons ce soir, Monseigneur, que j'ai un arlequin excellent... délicieux!.. qui s'habille... qui est là!..

LE DUC.

Celui qui riait?.. mon écho?

L'IMPRÉSARIO.

Juste!

LE DUC, avec humeur.

Que le diable l'emporte!.. il me souffle mon escapade!.. Mais qu'il se tienne bien, votre arlequin de rencontre... pour peu qu'il bronche, je le fais siffler!

L'IMPRÉSARIO, inquiet.

Vous avez une place?

LE DUC.

Parbleu! ma loge d'avant-scène.

L'IMPRÉSARIO, montrant la petite porte à guichet, à gauche.

Ah! oui... celle-ci, je crois?

LE DUC.

Eh! non, morbleu! en face!.. celle-ci est la loge de l'ambassadeur de France... que je lui ai disputée!.. une vraie loge de mauvais sujet... ça me revenait de droit! Ce petit salon, qui communique avec le foyer des acteurs... ce guichet, qui permet de tout voir, de tout entendre... Le coquin n'a jamais voulu me la céder!

(Il tire machinalement sa tabatière.)

* Le Duc, l'Imprésario.
** L'Imprésario, le Duc.

Est-ce qu'il se serait donné une de vos jolies drôlesses?.. hein?.. Silvia ou Diamantine?

L'IMPRÉSARIO.

Oh! je ne crois pas... il ne paraît jamais dans nos coulisses.

(Il remonte et ferme la fenêtre du fond.)

LE DUC, après avoir humé une prise.

Oh! alors!.. (Regardant sa tabatière.) Ah!.. (A lui-même.) Je n'y songeais plus!.. mon épreuve!.. * (Regardant l'Imprésario.) Ce n'est pas vraisemblable... mais, enfin!.. (Lui présentant sa boîte.) En usez-vous, mon cher?

L'IMPRÉSARIO, regardant la boîte.

Je suis confus!.. (Riant.) Ah! ah! ah! pardon, Monseigneur... Mais vous, qui avez toujours des tabatières si élégantes... cette boîte de carton... ce sujet grotesque...

LE DUC, amèrement.

Oui, c'est fort laid, n'est-ce pas?.. (A part.) Il n'a pas changé de visage.

L'IMPRÉSARIO, riant.

Cela représente, je crois, *Mars et Vénus*?..

LE DUC, plus amèrement.

Oui, oui, *Mars et Vénus*!.. (A part.) Et quand je pense à l'aventure nocturne qui l'a fait tomber dans mes mains!..

L'IMPRÉSARIO.

C'est donc une gageure?

LE DUC.

Comme vous dites... Une idée, un caprice... à cause de la figure de Vulcain, qui me paraît ressembler... Vous me direz... cette figure-là ressemble à tant de monde!..

L'IMPRÉSARIO.

Sans doute... (A un garçon de théâtre. Allant à lui.) Sommes-nous prêts?

LE DUC, à part.

Par la mort!.. si je découvre le propriétaire, il passera un mauvais quart d'heure... je le tue *roide*!.. et je le découvrirai!.. En offrant du tabac à tout venant, il est impossible que le coupable ne se trahisse pas, et...

L'IMPRÉSARIO, au fond.

A l'orchestre, Messieurs!..

(Il parle à un garçon.)

LE DUC, mettant la boîte dans sa poche.

Diable!.. déjà!.. Je vais voir si la petite est arrivée... (A part.) et tâcher de surprendre Mars et Vénus!.. (En sortant à droite, il se heurte avec Camérani qui entre, et lui marche sur le pied.) Prenez donc garde, butor!

CAMÉRANI, boitant.

Il n'y a pas de mal, Monseigneur... (A part.) Ce gros édifice qui s'écroule sur moi!

* Le Duc, l'Imprésario.

SCÈNE IV.

L'IMPRÉSARIO, CAMÉRANI; puis, CARLO.

CAMÉRANI, saluant.

Monsieur...

L'IMPRÉSARIO, qui vient de renvoyer le garçon, et repoussant Camérani.

Ah! je n'ai pas le temps!

(Il disparaît à gauche.)

CAMÉRANI, piteusement.

Eh bien! et moi, donc!.. Je vous demande si c'est une réponse à faire à un homme qui n'a pas dîné aujourd'hui, qui ne dînera pas demain et peut-être après-dem... tant que je pourrai aller avec ce régime-là... mais ça convient à bien peu de tempéramens!.. (Pleurant.) Les barbares!.. ils m'ont enlevé mon ami, mon frère, mon père nourricier!.. Comment va-t-il se passer de moi?.. (Tirant sa pochette.) Voilà tout ce qui me reste pour faire mes quatre repas!.. C'est bien sec!.. (L'Imprésario rentre.) Ah! voilà le directeur... tâchons d'attirer gracieusement son attention. *

L'IMPRÉSARIO, qui regarde par la serrure de la loge.

Complètement costumé! (Camérani fait trois accords faux sur sa pochette. L'Imprésario se bouchant les oreilles et se retournant.) Hein? quoi?.. qu'est-ce? Ah! c'est encore vous?.. Allons, voyons, que voulez-vous?.. Parlez... je suis heureux!... le moment est bon!

CAMÉRANI, à part.

Tâchons de l'attendrir par mes malheurs... (Haut.) Voilà ce que c'est!.. Monsieur... Je venais de monter dans cette voiture mystérieuse... j'avais toujours les yeux bandés... et les chevaux filaient, filaient...

L'IMPRÉSARIO, impatienté.

Je n'ai pas le temps de les suivre... Au fait?

CAMÉRANI.

Eh bien! au fait... Monsieur, je m'appelle Lindor... Flavio, pour les femmes... et je viens vous demander une place de musicien dans votre orchestre.

L'IMPRÉSARIO.

Je n'en ai qu'une de vacante.

CAMÉRANI, vivement.

Je la prends.

L'IMPRÉSARIO.

Laissez donc!.. Un emploi de contre-basse.

CAMÉRANI.

Bravo!

AIR : Vaudeville des Frères de lait.

Bravo! l'emploi me plaît et je l'arrête!
La contre-basse est mon fait, au surplus,
Je suis, Monsieur, très fort sur la pochette;
Or, qui peut moins en musique, peut plus;
Ces instrumens me sont tous deux connus.

* Camérani, l'Imprésario.

Jouant très bien du petit, tout m'assure
Que sur le grand j'aurai trop de talent...
Puisque, dit-on, un peintre en miniature
Est bien plus fort qu'un peintre en bâtiment.

C'est absolument le même doigté... il n'y a que ça à faire... (Faisant aller ses deux mains comme un contre-bassier.) Fron, fron, fron!..

L'IMPRÉSARIO.

Oui... mais j'ai quelqu'un qui fera beaucoup mieux que vous : fron, fron, fron!.. et vous n'aurez pas la place.

CARLO, en arlequin et masqué. Il est entré doucement et se trouve tout près de l'Imprésario.

Il l'aura!

L'IMPRÉSARIO, ravi.

Oh! bravo!

CAMÉRANI, ébahi.

Je l'aurai?.. (Saluant Carlo.) Monsieur...

CARLO, avec le ton arlequin.

Je ne joue qu'à cette condition.

L'IMPRÉSARIO.

Parlez... commandez!

CARLO.

Vous donnerez à cet intéressant jeune homme...

L'IMPRÉSARIO.

Mille livres d'appointemens?

CARLO.

Quinze cents!

CAMÉRANI.

Dix-huit cents, bah!.. et vous fournirez l'instrument.

L'IMPRÉSARIO, hors de lui.

C'est dit!.. tout ce que vous voudrez, mon sauveur, mon ange tutélaire!.. (A Camérani.) Contre-basse, à l'orchestre!.. il joue! Je cours sonner tout le monde!

(Il sort rapidement par la gauche.)

SCÈNE V.

CARLO, CAMÉRANI.

CAMÉRANI, s'essuyant les yeux.

Ah! monsieur Arlequin!.. je sais bien qu'entre grands talens on se doit ça. Mais, c'est égal, voilà un trait!.. Vous voulez donc remplacer l'ami que j'ai perdu?

CARLO, se démasquant.

Complètement!

CAMÉRANI.

Carlo!.. en arlequin!

CARLO, gaîment.

Eh! oui, sangodémi!

Air d'Eugène Déjazet.

Oui, mon cher, je suis Arlequin,
Je suis cet aimable faquin,
Parfois méchant, toujours taquin,
Et qu'on dit même un peu coquin.
Depuis Rome jusqu'à Pékin,
On connaît son gai casaquin,
Son masque noir, son brodequin
De velours ou de maroquin.
Plus ignorant qu'un Algonkin,
Il n'ouvre jamais un bouquin;
Et pourtant l'esprit de Pasquin
Près du sien est froid et mesquin.
Voluptueux comme Tarquin,
Il voudrait, riche mannequin,
Se promener en palanquin (bis.)
Ou dormir sous un baldaquin.
Aussi vorace qu'un requin,
Friand surtout de marasquin,
Il mange et boit son saint frusquin,
Sans en épargner un sequin.
Michel-Ange ou Dominiquin
L'eût peint, orné d'un lambrequin!..
Oui, mon cher, tel est Arlequin!
Vive à jamais, vive Arlequin!
Oui, mon cher, je suis Arlequin,
Je suis cet aimable faquin,
Parfois méchant, toujours taquin.
Vive Arlequin!

CAMÉRANI, tout étourdi.

Vive Arlequin! je le veux bien!.. Mais pourquoi as-tu pris cet accoutrement de perroquet?

CARLO.

Trouve-moi donc une meilleure cachette pour un prisonnier évadé!.. Il n'y a qu'un personnage à Florence qui ait le droit de porter le masque... c'est juste mon affaire!.. Quel bonheur d'être ici! près d'Armantine!.. invisible pour tous!.. connu d'elle seule!.. de lui parler de mon amour sous le nez de mon cauchemar d'ambassadeur!.. (Faisant les mines d'Arlequin.) de couvrir de baisers ses petits bras rondelets, ses jolies mains blanchettes!.. tout cela, avec approbation de l'auteur et privilége du roi!.. (Fièrement.) et de l'enlever définitivement à mon stupide rival!.. oui, je le ferai... je le sens!.. Comment? je n'en sais rien!.. Mais cet habit a doublé mon esprit... et je n'en manquais pas!

CAMÉRANI.

Non! nous n'en manquions pas!

CARLO.

Mais toi... toi, brigand, qui m'as volé ma bonne fortune de tantôt... Que t'est-il arrivé?.. Aurais-tu eu le front...

CAMÉRANI.

Ce n'est pas le front qui m'a manqué, mon ami... j'étais plein de bonne volonté! mais, hélas!.. (Reprenant son récit.) Je venais de monter dans cette voiture mystérieuse... j'avais toujours les yeux bandés... et les chevaux filaient, filaient!.. Je m'étalais voluptueusement... je me barbouillais de tabac, en marquis!.. et il me passait des idées... mais des idées!..

CARLO.

Des idées!.. à toi?

CAMÉRANI.

Tout-à-coup, j'entends crier à mon cocher : Arrête! arrête!.. Je m'émeus!.. Un homme s'élance dans la voiture par la portière de droite...

CARLO.

Un homme!

CAMÉRANI.

Je dégringole par la portière de gauche... — Ah! traître! j'aurai ta vie, qu'il s'écrie. — Mais il n'avait que ma tabatière... *Mars et Vénus*, qu'il avait accrochée au vol!.. et je cours encore!

CARLO, riant.

Poltron!.. Mais cet inconnu?

CAMÉRANI.

C'était un voleur... puisqu'il m'a pris ma tabatière.

CARLO, à part.

Ou le mari... qui, voyant un galant dans la voiture de sa femme... (Riant à gorge déployée.) Ah! ah! ah!..

CAMÉRANI.

Tu ris?.. (Faisant signe de priser.) Je t'assure que ça me manque... (Touchant son nez.) Il en consomme beaucoup, ce farceur-là!

CARLO.

Il est bien excusable.

CAMÉRANI.

Rentré chez nous, juge de mon désespoir en ne t'y trouvant plus!.. (Par souvenir.) Ah!.. et en y trouvant un billet à ton adresse, qu'on venait d'apporter.

CARLO, vivement.

Un billet!.. et tu ne me le donnes pas?

CAMÉRANI.

Le voici.

CARLO, l'ouvrant.

De la Duchesse!

CAMÉRANI.

La mienne?

CARLO.

Si tu disais la nôtre!.. (Lisant.) « Venez ce »soir... je vous attends. Quoique j'aille rare»ment au théâtre, je serai dans ma loge d'avant»scène... Il faut absolument que je vous parle... »Mon mari est sur la trace!.. » (A lui-même.) La trace de quoi?

CAMÉRANI.

De qui?

CARLO.

On se sera aperçu de mon évasion!.. et de nouveaux ordres...

CAMÉRANI.

Vas parler à la Duchesse.

CARLO.

Est-ce que je peux?.. Elle ne sait pas que je joue.

CAMÉRANI.

J'irais bien... mais je joue aussi, moi!.. fron, fron, fron!..

CARLO, agité.

Comment faire?.. Mon début qui me réclame! la Duchesse qui m'attend!.. Armantine qu'il faut prévenir!.. le Duc qu'il faut éviter!.. (On entend la cloche.) et la pièce qui va commencer, par-dessus le marché!.. Très bien! tire-toi de là, si tu peux, Arlequin!

(Il remet son masque.)

SCENE VI.

LES MÊMES, L'IMPRÉSARIO, PANTALON, MEZZETIN, LE DOCTEUR, TRIVELIN, LÉANDRE, TARTAGLIA, SCARAMOUCHE, SCAPIN, LE CAPITAN, ISABELLE, DIAMANTINE, SPINETTE, etc.; tous personnages de la Comédie italienne, revêtus de leurs costumes caractéristiques; puis, LE DUC, et ARMANTINE en Colombine.

CHŒUR.

Air de Sémiramide.

Gloire au nouvel acteur!
Gloire à notre sauveur!
Jeune inconnu,
Sois le bien venu!
Scaramouche et Scapin,
Docteur, Mezzetin,
Pantalon, Trivelin,
Nous accourons pour te serrer la main!
Salut, Arlequin!..
Sans connaître tes traits,
Nous sommes prêts
A seconder tes succès!
Viens, désormais,
Partager nos succès!

CARLO, bas, à l'Imprésario.*

Pas un mot sur mon nom!..

L'IMPRÉSARIO, bas.

C'est convenu... la salle est comble!

CARLO, à part.

Voilà la peur qui me galope!.. J'ai envie de m'en aller!.. (Il fait un pas et aperçoit Armantine qui entre avec le Duc par la droite, troisième plan.) Dieu! Armantine!..

CAMÉRANI, bas.

Montre-toi!

CARLO, bas.

Le Duc est avec elle!

CAMÉRANI, bas.

Cache-toi!

CARLO, bas.

Montre-toi... cache-toi... Quand il faut faire marcher tout ça de front!

LE DUC, donnant le bras à Armantine.**

Allons, petite... ne soyez donc pas boudeuse! égayons-nous un peu!

ARMANTINE, à part, tristement.

Parti! enlevé!.. je ne le verrai plus!..

L'IMPRÉSARIO.

Ah! voici Armantine!.. Mesdames et Mes-

*Camérani, Carlo, l'Imprésario, les autres au fond.

** Camérani, Carlo, l'Imprésario, le Duc, Armantine.

sieurs, puisque nous avons dix minutes devant nous... notre nouvel Arlequin vous demande en grace de répéter quelques passages qui ne vont jamais bien.

CARLO, bas.

Moi ?

L'IMPRÉSARIO, bas.

C'est pour eux... ça ne leur fera pas de mal. (Haut.) Entre autres, la reconnaissance d'Arlequin et de Colombine.

CARLO, déguisant sa voix et prenant le ton d'Arlequin.*

Ah ! oui... la reconnaissance avec Colombine... j'y tiens beaucoup !.. Désolé, Mademoiselle, de vous donner cette peine... mais, vous concevez... un débutant... il y a de ces choses... sur lesquelles il faut s'entendre.

ARMANTINE, avec humeur.

C'est amusant !.. Recommencer une scène que nous avons répétée soixante fois !

LE DUC, élevant la voix.

Si ce monsieur ne sait pas son affaire, il ne faut pas le faire jouer !

L'IMPRÉSARIO.

Permettez !.. la reconnaissance a toujours manqué... et par la faute de Mademoiselle... qui n'exprime pas assez vivement le plaisir qu'elle éprouve à retrouver son amant, qu'elle croyait perdue.

CARLO, du ton arlequin, à Armantine, et cherchant à se faire connaître.

Ah ! il faut avoir du plaisir à retrouver son amant.

ARMANTINE, avec ironie.

Il va nous donner des leçons, le nouveau venu !

LE DUC, criant.

Du tout ! c'est la faute de l'autre !..

L'IMPRÉSARIO, de même.

Je vous demande bien pardon...

LE DUC, en même temps.

Je vous demande pardon aussi !..

CARLO.

Permettez ! voilà la situation... (A Armantine.) Colombine descend aux enfers, où, après s'être trouvée en face d'un affreux démon, qui lui fait peur... elle reconnaît tout-à-coup Arlequin !

L'IMPRÉSARIO.

C'est cela ! arrivez aux enfers, ma bonne !

CARLO, montrant le Duc.

Et figurez-vous que Monsieur est l'affreux démon...

LE DUC, choqué.

Moi ?

CARLO, sans l'écouter.

Son aspect vous arrache un cri d'horreur...

LE DUC.

Monsieur !

CARLO, de même.

Auquel succède un cri de joie, à la vue de l'amant... pour qui vous êtes la plus belle !..

ARMANTINE, à elle-même, flattée.

Ah !.. Il ne démontre pas mal.

L'IMPRÉSARIO, frappant dans ses mains.

Allons, allons, en place !

(Il remonte.)

LE DUC, à part, et examinant Arlequin.

Quel est donc cet Arlequin ?.. Je donnerais beaucoup pour savoir...

(Il s'asseoit.)

CAMÉRANI, à part, lorgnant Spinette.

Je ne suis pas fâché de voir les actrices de près !..

(Il remonte. Musique.)

CARLO, à part.

Comment la prévenir... sans que l'autre s'aperçoive...

(Armantine joue la scène ; elle jette les yeux sur le Duc et fait un geste de répulsion, en poussant un cri.)

ARMANTINE, poussant un cri.

Ah !

TOUS.

Très bien !

LE DUC.

Brava !.. le cri d'horreur est parfait !

CARLO.

On voit que c'est senti !

ARMANTINE, naïvement.

Oh ! ce n'est pas cela qui est difficile !

L'IMPRÉSARIO, à la gauche d'Armantine.

Au cri de joie, ma bonne, au cri de joie !

(Carlo se présente à Armantine.)

ARMANTINE, froidement.

Ah !

L'IMPRÉSARIO.

Mauvais ! manqué !

LE DUC.

Elle va le faire... attendez !

ARMANTINE, de même.

Ah !

L'IMPRÉSARIO.

Exécrable !

CAMÉRANI, redescendant.

C'est maigre ! c'est mesquin !

CARLO, à Armantine, avec intention.

Je crois que si Mademoiselle se tournait un peu plus de mon côté...

(Passant à droite.)

LE DUC, se levant.

Non !.. si je me mettais à la place de Monsieur... vous verriez sa joie !..*

L'IMPRÉSARIO.

Il faut qu'elle y vienne sans cela !.. Encore une fois !..

CARLO, à part.

Elle y viendra !.. sois tranquille !

(Ils recommencent la scène.)

* Camérani, l'Imprésario, Carlo, Armantine, le Duc.

* Camérani, Armantine, Carlo, l'Imprésario, le Duc.

L'IMPRÉSARIO.

Attention !..

CARLO, à mi-voix, en soulevant son masque pour elle seule, et le rabaissant aussitôt.

Armantine !

ARMANTINE, le reconnaissant et poussant un grand cri.

Ah !..

TOUS.

Brava !

LE DUC.

Le voilà !.. il y est !

ARMANTINE, emportée.

O ciel !.. vous que j'aime !.. Ici !.. près de moi !..

L'IMPRÉSARIO.

Hein ? Qu'est-ce qu'elle dit ?.. Ça n'est pas dans le rôle !

CARLO, vivement.

Ça devrait y être !.. C'est admirable ! c'est de situation !

LE DUC.

Parbleu ! comme c'est bien la maîtresse qui reconnaît son amant !.. elle est toute âme, cette petite !

CAMÉRANI, à part, regardant le Duc.

Oh ! toi ! tu me fais pitié !

L'IMPRÉSARIO, aux deux amans.

Continuez la scène tout bas, mes amis, allez jusqu'au bout... ça vous fera du bien.

(Il remonte.)

LE DUC, prenant sa tabatière.

Oh ! maintenant... la voilà lancée !.. (Pendant que Carlo et Armantine se parlent bas et vivement, à gauche, les acteurs ont l'air de complimenter le Duc. D'un air de protection.) Merci, Scaramouche, merci, mon cher Pantalon... oui... elle ne va pas mal ! (Regardant sa tabatière.) Oh ! (Les regardant tous.) C'est encore bien invraisemblable... mais les femmes sont si capricieuses ! (Offrant du tabac.) Capitan... en usez-vous ?.. (A part.) Rien !

(Il continue auprès des autres personnages.)

ARMANTINE, bas, à Carlo.

Oui, je vous crois... vous n'êtes pas coupable... mais s'il vous voyait ?..

CARLO, bas.

Soyez donc tranquille, il est myope... moralement.

(Ils continuent à se parler bas.)

L'IMPRÉSARIO, dans le fond, montrant une contre-basse à Camérani.

Voici votre instrument.

CAMÉRANI, qui est remonté, se grattant l'oreille.

Tant que ça !.. Je ne m'en faisais pas une idée de cette dimension.

(On entend la cloche.)

L'IMPRÉSARIO, criant.

Le second coup de cloche !.. En scène, Messieurs !

CARLO, à part.

Je vais paraître devant tout ce monde-là !.. (Mettant la main d'Armantine sur son cœur.) Tiens ! tiens !

ARMANTINE, bas.

Dieu ! que d'amour !

CARLO, à part.

Dieu ! que de peur !

ENSEMBLE.

Air de l'Elisire d'Amore.

CARLO et ARMANTINE.

C'est la pièce qui commence !
Quel moment pour moi / lui s'avance !

CARLO.

Je frissonne, je balance,
Et mon cœur
Bat de frayeur !

ARMANTINE.

Ah ! je gage qu'en silence
Il frissonne et meurt de peur !

CARLO et ARMANTINE.

Crainte vaine !
Sur la scène,

CARLO.

L'espérance
Me devance !

ARMANTINE.

Qu'il s'avance,
Qu'il s'élance !

CARLO et ARMANTINE.

Du courage !
Tout présage
Le succès le plus flatteur.

CHŒUR.

C'est la pièce qui commence !
Quel moment pour lui s'avance !
Ah ! je gage qu'en silence,
Il frissonne et meurt de peur !
Mais, bientôt à sa frayeur,
Oui, bientôt à sa frayeur,
Le succès le plus flatteur
Fera succéder le bonheur !
Du courage !
Tout présage
Le succès le plus flatteur !

(Ils sortent tous à gauche, excepté le Duc et Camérani.)

SCÈNE VII.

LE DUC, CAMÉRANI.

LE DUC, les suivant des yeux.

Je suis curieux de voir comment il sera accueilli.

CAMÉRANI, essayant de soulever sa contre-basse.

Je ne peux pas ! je ne peux pas

LE DUC, près de la porte du théâtre.

Le voilà qui entre en scène !

CAMÉRANI, la prenant dans tous les sens.

Et on commence sans moi!.. ça ne pourra jamais aller!

(Il lutte contre sa contre-basse.)

LE DUC, regardant.

Il va bien! très bien!

CAMÉRANI, l'enlevant sur ses épaules.

Il est bien heureux!.. Je ne vais pas du tout, moi!

LE DUC.

Qui diable ça peut-il être?.. (Se tournant vers Camérani.) Dites donc, M'sieu?.. (L'examinant.) Tiens! j'ai vu ça quelque part.

CAMÉRANI, montrant sa contre-basse.

Ça?.. A l'orchestre, apparemment.

LE DUC.

Non... ça, vous!..

CAMÉRANI.

Ah! ça... moi?.. Vous êtes bien bon!.. (Reposant sa contre-basse au fond.) C'est chez mon ami Carlo, que je viens de... (Se reprenant.) Oh! (Au Duc, en soupirant.) que je viens de perdre!

LE DUC.

Ah! oui... le petit danseur... (A lui-même, en riant.) qui roule toujours!.. (A Camérani.) Et que faites-vous ici?

CAMÉRANI, gravement.

Monsieur, j'ai l'intention de jouer de la contre-basse... voilà mon état. C'est le nouvel Arlequin qui m'a obtenu... cet instrument.

LE DUC, vivement.

Vous connaissez le nouvel Arlequin?.. Dites-moi son nom, je vous en prie!

CAMÉRANI.

A vous?.. Oh! impossible! c'est un secret.

LE DUC.

Je ne le redirai à personne!

CAMÉRANI, mystérieusement.

C'est un grand personnage!

LE DUC.

Ce petit?

CAMÉRANI, en confidence, et mâchonant ses mots.

Il est bien plus grand qu'il n'en a l'air!.. l'héritier d'une des premières familles de... c'est le prince du... (S'arrêtant.) Non, décidément, je ne peux pas le nommer.

LE DUC, cherchant.

Famille de... prince du...

CAMÉRANI, à part.

Cherche! cherche!

LE DUC.

Quelle idée saugrenue de débuter ce soir!.. Il m'a empêché d'enlever Armantine... mais je l'enlèverai après le spectacle... voilà tout.

CAMÉRANI, à part.

Armantine! *sangodémi*!

LE DUC, cherchant toujours.

Le prince du...

(Il a tiré machinalement sa tabatière, et la présente à Camérani, sans tourner la tête.)

CAMÉRANI, avançant la main.

Avec plaisir, Monseig... (Reconnaissant sa tabatière et poussant un cri.) Oh!.. (A part.) Mars et Vénus!.. C'était le mari!.. Je suis compromis!..

LE DUC, vivement.

Qu'avez-vous?

CAMÉRANI, troublé.

Moi?.. rien... je... (Eternuant.) Atchi!

LE DUC.

Vous vous êtes troublé!

CAMÉRANI.

Non, je... (Eternuant plus fort.) Atchi!

LE DUC, le pressant.

Vous connaissez cette tabatière?

CAMÉRANI.

Non... c'est-à-dire... j'ai cru... (Très fort.) Atchi!

LE DUC, avec colère.

Ah! corbleu! aurez-vous bientôt fini cette plaisanterie... sternutatoire?

CAMÉRANI, faisant une grimace pour éternuer.

Ah! j'ai retenu celui-là!..

LE DUC.

Répondez!

CAMÉRANI.

Pardon... on m'appelle à l'orchestre.

LE DUC, le retenant.

Restez... et répondez!.. (Le serrant.) Pourquoi vous êtes-vous troublé?

CAMÉRANI, troublé.

Moi?.. non... c'est que... c'est que votre tabac est très fin.

LE DUC, vivement.

Ce n'est pas vrai! il est très grossier! c'est le tabac d'un goujat.

CAMÉRANI, à part.

Ah! là... dévorons l'outrage!

LE DUC, plus vivement.

Ce n'est pas la première fois que vous voyez cette abominable peinture!

CAMÉRANI.

Non!.. non!.. si!.. (A part.) Dépistons-le!.. (Haut.) En effet, vous m'y faites songer... je l'ai vue entre les mains d'un monsieur... qui m'a offert une prise, hier, au café.

LE DUC.

Et ce monsieur?..

CAMÉRANI, vivement.

Je viens de le voir entrer dans la salle.

LE DUC, à lui-même.

Dans la salle!.. il est au spectacle!.. (A Camérani.) Un grand?

CAMÉRANI.

Hum! pas trop grand.

LE DUC.

Un petit?

CAMÉRANI.

Hum! pas trop petit... Un petit nez... (A part.) Comme je le dépiste!

LE DUC, agité.

Oh! je le découvrirai!.. Je vais parcourir

toutes les loges, ma tabatière à la main... (A lui-même.) Dieu! que d'affaires!.. sans compter celles de l'ambassade.., ma maîtresse... ma femme!.. Ma maîtresse.. ma femme!.. prenons le plus court... en passant par la loge de l'ambassadeur de France... (Frappant au guichet de gauche.) C'est moi... votre confrère de Parme. (Ecoutant.) Rien! il est tout à la représentation, ou à lorgner quelque belle... Prenons par là... (A Camérani.) Vous dites un petit nez?.. Je cours lui offrir de son tabac!..

(Il sort par la droite.)

CAMÉRANI, seul.

Voilà ce que j'appelle un gros homme dépisté!.. S'il ne se fait donner qu'une volée, il aura du bonheur.

UNE VOIX, en dehors.

La contre-basse!

CAMÉRANI.

On y va!.. (Il essaie de reprendre son instrument. On entend éclater des applaudissemens.) Qu'est-ce que c'est que ça?.. ça ne peut pas être encore pour moi.

(Autres applaudissemens.)

SCÈNE VIII.

ARMANTINE, CARLO, CAMÉRANI.

CARLO, à visage découvert, et accourant avec Armantine.

Victoire!

ARMANTINE.

Succès!

CARLO.

Grand succès!

ARMANTINE.

Enthousiasme général!

CARLO.

Délire universel!.. Du parterre au paradis, toutes les voix crient, toutes les mains battent, tous les pieds trépignent!.. Locatelli est mort! Vive notre nouvel Arlequin!.. vive Armantine!

(Il l'embrasse.)

CAMÉRANI, revenant.

Vraiment?.. (Voulant aussi embrasser Armantine.) Souffrez que je partage...

ARMANTINE, le repoussant.

Ah! mais, vous n'êtes pas de la pièce, vous... allez donc à l'orchestre.

CARLO.

C'est vrai!.. A votre orchestre, contre-basse!

CAMÉRANI.

J'ai le temps!.. ils vont si bien sans moi!.. (A Carlo.) Et tu n'as pas eu peur?

CARLO.

Je ne voyais plus personne!

ARMANTINE, à Camérani.

Quelle verve! quelle chaleur!.. (A Carlo.) Comme vous avez bien exécuté le saut par la fenêtre!.. et sans répétition encore!

CARLO, regardant le balcon.

Ah! si!.. je l'avais répété deux fois!

ARMANTINE, à Camérani.

Et les femmes qui l'applaudissaient avec leurs bouquets!

CARLO, avec enthousiasme.

C'est clair... c'était ma vocation!.. je suis né Arlequin!.. Dès ce moment, je ne m'appelle plus Carlo... je m'appellerai Carlin... Carlin premier!.. c'est plus éveillé, plus coquet... (Mettant la main sur son cœur.) Et quelque chose me dit que ce nom-là ne mourra pas avec moi!.. (A Armantine.) Me voilà certain de rester au théâtre... nous nous verrons tous les soirs!

ARMANTINE.

Je crois bien!.. le public vient de signer votre engagement!

CARLO, faisant le geste d'applaudir.

Des deux mains à la fois!.. Brave public!..

CAMÉRANI.

Oui!.. mais il y a quelqu'un qui va le déchirer dès aujourd'hui!

TOUS DEUX.

Comment?

CAMÉRANI.

Votre ennemi... cet énorme Parmesan... (Montrant Armantine.) l'enlève après le spectacle!..

ARMANTINE.

Moi!..

CARLO.

Hoïmé!.. et nous n'avons plus qu'une heure à nous!

CAMÉRANI.

Oui... il faudrait se concerter.

LA VOIX, en dehors.

La contre-basse! où est donc la contre-basse?

CAMÉRANI, criant.

On y va!.. (A lui-même, en se croisant les bras.) Quel état!.. pas un moment à soi!

CARLO, vivement.

Camérani... gagne quelques-uns de tes camarades de l'orchestre... Dix piastres par tête... pour un coup de main!

ARMANTINE.

Que voulez-vous faire?

CARLO.

Je n'en sais rien!.. jeter l'ambassadeur par la fenêtre, dans l'enfer, dans le dessous!

LE GARÇON, paraissant.

La contre-basse!

CAMÉRANI.

C'est dit!.. (Au garçon.) Aidez-moi donc un peu, vous, là-bas!.. (Montrant sa contre-basse.) Prenez un bout... le gros!.. (Ils l'enlèvent. Camérani, en sortant.) Ah! mon Dieu! je n'ai pas le *la*!.. je ne serai pas d'accord avec les autres!.. ça va être du propre!

(Ils sortent.)

ARMANTINE, à Carlo, qui court çà et là.

Encore un éclat!.. qui vous vaudra un second exil!..

CARLO.

Ça m'est égal!.. je tuerai tout le duché de Parme, plutôt que de souffrir!.. (Il s'arrête comme frappé d'une idée.) Oh! quelle idée!.. oui! cela est bien mieux!.. (A lui-même.) Je puis me servir de la Duchesse... de sa jalousie! Mon plan est là... deux mots me suffiront... (Haut.) Nous sommes sauvés si tu as du courage!

ARMANTINE.

J'en aurai!

CARLO, lui baisant la main.

Eh bien! dès ce soir, je t'envoie en pays étranger... où j'irai te rejoindre.

ARMANTINE.

Mais, comment?

CARLO.

C'est mon affaire.

AIR : Qu'il est flatteur d'épouser celle.

Il faut affronter la bourrasque!
Aussi bien, je ne puis, ici,
Me cacher toujours sous ce masque!..
Vivre ainsi, t'épouser ainsi!..
Tu verrais tout en noir, ma chère!..
C'est fâcheux!.. et dans l'avenir,
Ma postérité... que j'espère,
Pourrait fort bien s'en ressentir!

UN GARÇON, accourant.

Mlle Armantine!.. vous allez manquer votre entrée!..

(Il disparaît.)

ARMANTINE, troublée.

Ah! mon Dieu!

CARLO.

Vas vite!

ARMANTINE, en sortant.

Au bout du monde!.. avec vous! toujours! toute la vie!..

(Elle disparaît.)

SCÈNE IX.

CARLO; puis, L'IMPRÉSARIO et CAMÉRANI.

CARLO, seul, d'abord.

Bravo! j'ai sept ou huit scènes devant moi... juste le temps de me déshabiller, de courir dans la salle, de voir la Duchesse, et de lui souffler ce que je veux qu'elle fasse... (On entend un grand bruit à gauche.) Qu'est-ce donc? un accident!.. Je parie cent contre un que c'est Camérani!

CAMÉRANI, entrant, soutenu par l'Imprésario*.

Oh! la la... oh! la la!

CARLO.

J'en étais sûr!.. (Courant à lui.) Tu as encore fait quelque bêtise!..

* L'Imprésario, Camérani, Carlo.

CAMÉRANI.

J'ai la tête fendue, mon ami!

CARLO, brusquement.

C'est bon!.. mais que cela ne t'arrive plus!

(Il rentre dans sa loge.)

CAMÉRANI, criant.

Comment! c'est bon!.. mais, du tout! c'est très mauvais!

L'IMPRÉSARIO.

Voyons... calmez-vous!.. Comment ça vous est-il arrivé?

CAMÉRANI.

Pardi! ça m'est arrivé par en haut... puisque c'est sur la tête... (A part.) Imbécille!

L'IMPRÉSARIO.

Mais à propos de quoi?

CAMÉRANI.

A propos du *là*, donc!

L'IMPRÉSARIO, sans comprendre.

Du *là*?

CAMÉRANI.

Certainement!.. (Donnant le ton avec colère.) *La, la, la*!.. (A part.) Est-il bouché!.. (Haut.) Je l'avais prévu, Monsieur... Je me disais : Nous ne sommes pas d'accord... il arrivera quelque malheur!

L'IMPRÉSARIO.

Quel malheur?

CAMÉRANI.

Voilà... Vous me donnez 2400 livres pour jouer de la contre-basse...

L'IMPRÉSARIO.

1800 livres.

CAMÉRANI.

Est-ce 1800 livres?.. Je me mets à jouer de la contre-basse... Mais votre gros animal d'instrument était d'un demi-ton trop bas... ça me trouble... d'autant que j'avais vu en face de moi, dans une loge d'avant-scène... une belle dame... (Baissant la voix.) qui a quelques raisons de m'en vouloir... et qui me lançait des regards étonnés!

L'IMPRÉSARIO.

A vous?

CAMÉRANI.

Oui, à moi... Enfin, c'est égal, je frotte d'abord légèrement, délicatement. Le chef d'orchestre me jette un coup-d'œil... contrarié... Je crois qu'il veut que j'aille plus fort... je frotte plus fort... je frotte pour 2400 livres!..

L'IMPRÉSARIO.

1800 livres.

CAMÉRANI.

Est-ce bien 1800 livres?.. Enfin, voilà qu'il vient à moi comme un furieux!.. — Vous le prenez trop bas, qu'il me crie. — Monsieur! que je lui réponds, vous le prenez trop haut!.. Sur ce, il m'appelle massacre!.. Le cor, qui est un bon enfant, prend ma défense... la flûte prend parti pour son chef... Je veux soumettre le cas à l'alto, v'lan! le chef d'orchestre me casse son violon sur la nuque.., et je tombe dans les bras de la clarinette!.. Qu'est-ce que vous dites de ça?

L'IMPRÉSARIO.

Soyez tranquille... je vais le mettre à l'amende.

CAMÉRANI, criant.

Ça ne me suffit pas!

L'IMPRÉSARIO.

Il est déjà assez puni!.. son violon brisé!

CAMÉRANI.

Et ma tête cassée!.. prétendriez-vous comparer les deux objets?.. Il achètera un autre violon... je n'ai pas les moyens de me procurer une autre tête... et une comme celle-là!.. Non! Il faut que la réparation soit égale à l'offense... Il se placera comme j'étais... il jouera un demi-ton trop bas... et je lui casserai ma contre-basse sur la tête!.. Allez, qu'on me l'amène!

LA DUCHESSE, en dehors, à droite.

J'entrerai, vous dis-je, j'entrerai!

L'IMPRESARIO, écoutant.

Qu'est-ce donc?

LA DUCHESSE, en dehors.

Vous ne me connaissez pas?.. la duchesse de Friola!..

L'IMPRÉSARIO.

La Duchesse!.. dans notre foyer!

CAMÉRANI, effrayé.

La Duchesse!.. qui m'a reconnu à l'orchestre! Où me cacher?..

(Il se sauve à droite.)

LA DUCHESSE, entrant.

Je trouve bien impertinent!..

CAMÉRANI, surpris.

Oh!..

(Il se jette dans la loge de Carlo et s'y enferme.)

SCÈNE X.

LA DUCHESSE, L'IMPRÉSARIO; puis, CARLO.

L'IMPRÉSARIO, s'empressant.

Mille pardons, Mme la Duchesse!.. Un pareil honneur!.. Qui pouvait s'attendre...

LA DUCHESSE, vivement.

Faites-moi grace de vos excuses!.. c'est mon mari que je cherche, que je demande, que je veux... Où est-il?

L'IMPRÉSARIO.

J'ignore..,

LA DUCHESSE, s'éventant avec colère.

Dans vos coulisses?.. au milieu de vos créatures? (Faisant un pas.) J'irai moi-même... (Apercevant Carlo qui sort de sa loge, et se radoucissant.) Ah!..

CARLO, en habit de ville, voyant la Duchesse.

Ah!..

L'IMPRÉSARIO, voyant ce mouvement.

Hein?.. (A part.) Et elle demandait son mari!

(Il s'esquive discrètement et à petits pas par la gauche.)

LA DUCHESSE, gracieusement. *

Vous ici, mon cher professeur!..

CARLO.

Je me rendais à votre loge... comme votre billet me l'ordonnait.

LA DUCHESSE.

Et moi... voilà une heure que je me tiens à quatre pour ne pas faire un éclat... Je suis furieuse!

CARLO.

Pourquoi donc?

LA DUCHESSE.

Je l'ai reconnue!.. sur le théâtre!..

CARLO.

Qui?

LA DUCHESSE.

Cette petite malheureuse!.. la maîtresse de mon mari!.. Quelle horreur!.. aimer une actrice, une Colombine!.. ternir son blason!..

CARLO, de même.

Ah! fi! fi!

LA DUCHESSE.

Mais, vous, que venez-vous donc faire ici?

CARLO, prenant le ton d'Arlequin.

Comment, ma Colombine, Colombinette... tu ne reconnais pas ton *povero arlichino*?

(Il tourne autour d'elle.*)

LA DUCHESSE, charmée.

Qu'entends-je... cette phrase de la pièce!.. ce début mystérieux... Vous seriez?..

CARLO, de même.

Moi-même, *cara mia*!

LA DUCHESSE, ravie.

Oh! que c'est gentil!.. Quoi! ce succès... tous ces bravos... ces jolies petites manières qui me ravissaient... c'était lui! (L'applaudissant avec son éventail.) Charmant! délicieux! j'en raffole!..

CARLO, à part.

C'est cela!.. on ternit son blason avec Colombine... et on ne déroge pas avec Arlequin! (Lui baisant tendrement la main.) Quel bonheur d'obtenir le suffrage de la belle... (Cherchant le nom.) De la charmante...

LA DUCHESSE, tendrement.

Dorothée d'Aquaviva.

CARLO, s'extasiant.

D'Acquaviva!.. Dorothée d'Aqua...

LA DUCHESSE.

Ah! je suis si contente!.. Tenez, voilà ce que je destinais à mon maître de danse... (Elle lui donne une petite tabatière en or.) Cela ne fera pas mal, dans la poche d'Arlequin.

CARLO.

Oh! la délicieuse petite tabatière!..

LA DUCHESSE.

Pour remplacer l'horrible boîte que mon mari vous a prise dans la voiture!..

* La Duchesss, Carlo.

* Carlo, la Duchesse.

CARLO.

Ah oui !.. Mars et... (A part.) Pauvre Camérani !.. (Solennellement.) Je la lui lèguerai !

LA DUCHESSE.

Et pour laquelle il est venu me faire la scène la plus ridicule !.. (Avec un peu d'embarras.) Ne s'était-il pas figuré... que votre présence dans ma voiture... pouvait faire présumer...

CARLO, d'un air de blâme.

Ah !..

LA DUCHESSE.

Il était cramoisi !.. (L'imitant.) Son nom, Madame, son nom !.. (Lui répondant.) Vous ne le saurez pas ! vous m'ennuyez !.. allez vous promener !..

CARLO, de même.

Très bien !.. voilà comme on répond à un mari !

LA DUCHESSE, imitant son mari.

Je le connaîtrai malgré vous !.. (Riant comme une folle.) Et, dans ce moment, il parcourt les corridors, offrant du tabac à tous ceux qu'il rencontre... pour découvrir le traître !.. Ah ! ah ! ah !..

CARLO, riant aussi.

Pauvre gros !.. ah ! ah ! ah !

LA DUCHESSE, reprenant son ton sérieux.

Ne le plaignez pas !.. c'est un monstre !

CARLO, renchérissant.

Comment donc ! un monstre affreux !.. bien plus coupable que vous ne croyez...

LA DUCHESSE, vivement et avec un cri.

Il en a deux !..

CARLO.

Ce ne serait rien !.. (A part.) Commençons l'attaque... (Haut.) Mais cette petite... cette enfant, qu'il pourchasse... j'ai pris des informations... il paraît qu'elle lui résiste... qu'elle est sage... et le Duc, furieux, veut l'enlever après le spectacle.

LA DUCHESSE.

Mon mari !.. Je cours lui arracher les deux yeux !

CARLO, l'arrêtant.

Que feriez-vous de ses deux yeux ?.. ce serait une collection sans valeur.

LA DUCHESSE.

C'est vrai ! mais quel moyen employer ?

CARLO, cherchant.

Ah ! voilà !.. faire disparaître la petite !

LA DUCHESSE, vivement.

Ah ! oui !.. la faire enlever par un autre !

CARLO, vivement.

Oh ! non !.. (A part.) Comme elle y va, la Vénitienne !.. (Haut.) C'est très ingénieux... mais ce n'est pas sans danger... à mon point de vue... (Avec insinuation.) Tandis qu'il serait si facile... en faisant offrir... à Colombine... un engagement... plus avantageux que le sien...

LA DUCHESSE, vivement.

J'entends !

CARLO.

De l'envoyer... à Rome, à Naples... n'importe...

LA DUCHESSE.

J'ai mieux que cela... beaucoup plus loin !

CARLO, à part.

Diavolo !.. est-ce qu'elle va l'envoyer en Turquie ?

LA DUCHESSE.

Au théâtre italien de Paris !

CARLO, avec joie.

Parfait !.. (A part.) Justement, je voulais faire le voyage de France !

LA DUCHESSE.

Je n'ai qu'un mot à dire à l'ambassadeur de France, chargé de recruter pour la Comédie italienne. (Gaîment.) Il n'a rien à me refuser.

CARLO, la regardant.

Ah ?

LA DUCHESSE, embarrassée.

Je veux dire...

CARLO, à part.

Très bien ! je comprends !.. Voilà deux ambassadeurs qui sont encore plus collègues que je ne croyais !

LA DUCHESSE, à part.

Il est là, dans sa loge... il n'aura que cette porte à ouvrir, et... (Haut.) Petit, avant une heure, ce sera fait !

CARLO, à part.

Et d'une !.. (Haut.) Ah ! Madame, elle vous bénira. Et moi, dans l'excès de ma reconnaissance...

(Il se jette à ses pieds et couvre sa main de baisers. Au même moment, le Duc paraît.)

SCÈNE XI.

LES MÊMES, LE DUC, entrant par la petite porte de la loge à gauche, et qu'il laisse entr'ouverte.

LE DUC, bondissant.

Que vois-je ?.. ma femme !.. et mon gredin de Carlo !..

LA DUCHESSE.

Ciel !

CARLO, se relevant.

Sauve qui peut !..

(Il se jette dans sa loge, à droite.)

LE DUC.

Arrête !..

(Il cherche à ouvrir la porte.)

LA DUCHESSE.

Eh ! vite !

(Elle s'échappe par la loge de l'ambassadeur, qu'elle referme.)

LE DUC, à Carlo à travers la porte.

Tu ne m'échapperas pas !.. (Se tournant de l'autre côté.) Et vous, Madame !.. Eh bien ?.. disparue !.. envolée !.. Je me trouve entre deux portes, le nez... (Avec rage.) Il n'est donc pas à trente ou quarante lieues d'ici ?.. il n'est donc pas parti !.. ou il est revenu tout exprès pour me faire... du chagrin !.. C'est donc un serpent, une anguille qui me glisse entre les doigts !.. (Suffoquant.) Ah ! je marche à une attaque d'apoplexie !.. mais, cette fois, il est là !.. je le tiens, et je jure !.. (Frappant à la porte et se parlant alternativement.) Ouvrez, Monsieur. — Il n'y a pas d'autre sortie... — Ouvrez, danseur !.. — Ne pas se contenter de séduire ma maîtresse !.. — Si vous ne répondez pas !.. — et m'attaquer dans mes propriétés matrimoniales !.. — J'enfonce la porte !.. (Il la secoue.) A moi !.. main forte !..

(Entrent l'Imprésario, les garçons et deux gardes.)

TOUS.

Air de la Suisse à Trianon.

Grand Dieu ! quel bruit et quel vacarme
Répandent l'effroi parmi nous ?
A quel propos ces cris d'alarme ?
Parlez, Monsieur... expliquez-vous.

LE DUC, hors de lui.

Ne laissez sortir personne !.. Il est là !.. il me le faut !.. S'il tente de s'évader, qu'on l'assomme, qu'on le tue, qu'on le massacre !

L'IMPRÉSARIO.

De grace, Monseigneur...

LE DUC, criant.

Laissez-moi tranquille !

L'IMPRÉSARIO.

Vous interrompez la représentation !..

LE DUC.

Je m'en moque !..

L'IMPRÉSARIO.

Mais enfin !..

LE DUC.

Ah !.. ne m'agacez pas !.. ou je tourne à la bête fauve !..* (Aux gardes.) Enfoncez-moi cette porte, et...

(La porte s'ouvre Carlo; paraît en Arlequin et masqué.)

SCÈNE XII.

LES MÊMES, CARLO ; puis, CAMÉRANI.

CARLO, entrant furieux, à l'Imprésario.

Qu'est-ce que ça signifie, Monsieur ?.. Que se passe-t-il donc dans votre théâtre ?.. Quel est donc ce fou qui se jette dans ma loge, me bouscule, renverse tout, et...

LE DUC, vivement.

Un habit brun ?.. veste amarante ?.. et le complément de la même couleur ?

CARLO.

C'est cela.

* L'Imprésario, le Duc.

LE DUC.

Ah ! je le tiens !.. sortez, faquin, et je vais... (Camérani paraît et le Duc lui applique un soufflet sans regarder.) Tiens !*

CAMÉRANI, criant.

Oh !..

LE DUC, le reconnaissant.

Ah !.. ce n'est pas lui !

CAMÉRANI.

Il est bien temps de s'en apercevoir !

LE DUC.

C'est la contre-basse !.. Pardon, mon ami... cela ne vous touche pas.

CAMÉRANI.

Comment dites-vous ?

LE DUC.

C'était destiné à...

CARLO, lui coupant la parole.

A l'autre !.. mais puisqu'il a sauté par la fenêtre !.. vous ne me laissez pas achever !

LE DUC.

Ah ! c'est fâcheux !.. quel soufflet il a perdu là !

CAMÉRANI, avec humeur.

Il n'est pas perdu pour tout le monde, Monsieur !

CARLO, bas, et lui serrant la main.

Merci, mon ami, je te le rendrai !

CAMÉRANI, à part.

Me le rendre ?.. Eh bien ! il ne manquerait plus que ça !

LE DUC.

Mais il ne peut sortir de la ville !.. à l'heure qu'il est, toutes les portes sont fermées !.. (Aux gardes.) Sergent, que l'on fasse des patrouilles, qu'on visite tous les environs... Vous connaissez le signalement... qu'on me le ramène mort ou vif... je n'y tiens pas !..

(Il continue à parler bas aux gardes.)

CARLO, à part.

Oui, mais moi, j'y tiens essentiellement... Pas une minute à perdre !.. (A Camérani.) Écoute !.. il y va de ma vie !..

CAMÉRANI, tranquillement.

Ah bah !

CARLO, bas.

Et de la tienne !..

CAMÉRANI, faisant un saut.

Ah diable !

CARLO, bas.

Fais préparer à l'instant une chaise de poste.

CAMÉRANI, bas.

Pour aller où ?

CARLO, bas.

Que t'importe ?

CAMÉRANI, bas.

Quand ?

CARLO, bas.

Tu le sauras.

* L'Imprésario, Carlo, Camérani, le Duc.

CAMÉRANI, bas.

Comment ?

CARLO, bas.

Ça ne te regarde pas !..

CAMÉRANI, bas.

C'est bien... me voilà au courant.

(Il sort par la droite, et les garçons et les gardes par la gauche.)

SCÈNE XIII.

CARLO, toujours masqué; LE DUC.

LE DUC, à lui-même, et agité.

Non ! il ne m'échappera pas !.. l'enragé !.. (Il s'assied à droite.) Mettre un ambassadeur dans un pareil état !..

CARLO, à part.

La femme s'est chargée de l'engagement d'Armantine... C'est le mari qui fera le mien... ou que le diable m'emporte !..

(Il s'assied à gauche.)

LE DUC.

Ah ! il se croit sauvé, parce qu'il est loin de moi !..

CARLO.

Oui, parce qu'il est loin... il se figure !.. Mais, Monseigneur... l'habit brun, veste amarante et cætera... que vous a-t-il donc fait... pour...

LE DUC.

Ce qu'il m'a fait, mon cher ?.. c'est-à-dire, que ne voulait-il pas me faire !.. (D'un air pénétré.) Ma femme et ma maîtresse... ma maîtresse et ma femme !.. à lui seul !.. Paltoquet !

CARLO.

Petit drôle !

LE DUC, se levant, à lui-même.

Et encore, j'y pense... si ce Carlo est l'homme à la tabatière... ça n'en fait qu'un... mais si ce n'est pas lui... ça me fait courir deux lièvres à la fois !.. je nage dans un océan de désagrémens.

CARLO, qui s'est levé, d'un air composé.

Je n'en reviens pas !.. qu'on ose s'attaquer... car, enfin, je n'ai pas l'honneur de vous connaître, Monseigneur... je ne vous ai vu qu'un instant, tantôt, à la répétition... mais je me suis dit tout de suite : Si ce Monsieur là n'est pas de la première noblesse... je ne suis qu'un imbécille !

LE DUC, fièrement.

Mais, je le suis aussi !

CARLO.

Vous n'avez pas besoin de le dire... cela saute aux yeux !

(Il tourne et fait des mines.)

LE DUC, le regardant.

Il est gentil, cet arlequin... de l'esprit, de la tournure... de la jambe... presque un pied !.. Eh ! eh !.. je ne serais pas surpris qu'une de nos belles dames... (Changeant brusquement de ton.) Oh ! diable !.. je n'y songeais pas,.. mon autre lièvre... (Il tire sa tabatière et se rapproche de Carlo.) Le talent est aussi une noblesse, mon cher Arlequin... et, entre gentilshommes... (Il lui présente la tabatière. A part.) Observons sa physionomie.

CARLO, à part.

Tiens ! Mars et Vénus !.. Il paraît qu'il n'en a pas encore trouvé le placement.

LE DUC.

En usez-vous ?.. (Carlo prend une prise froidement. (A part.) Il n'a pas changé de couleur !

CARLO, feignant du dégoût.

Pouah !.. Ah ! Monseigneur... voilà du tabac qui n'est pas digne de vous.. du tabac de garde-française !.. Permettez-moi de vous offrir...

(Il lui présente la tabatière que lui a donnée la Duchesse.)

LE DUC, humant sa prise.

Délicieux ! (A part.) Eh ! mais !.. cela ressemble furieusement à mon tabac d'Espagne à la... absolument le même parfum !.. (Avec doute.) Est-ce que... par hasard ?...

CARLO, à part.

Cela commence !

LE DUC, à part.

Oh ! non ! impossible ! (Regardant la tabatière.) Charmante petite tabatière !

CARLO, jouant négligemment avec elle.

Oui... pas mal.

LE DUC, d'un air d'intelligence.

Un cadeau ?

CARLO, se dandinant.

Possible.

LE DUC.

D'une femme ?

CARLO.

Je ne dis pas.

LE DUC, le poussant du coude.

Nous sommes donc un scélérat ?.. nous avons donc des bonnes fortunes ?

CARLO, d'un air fat.

Peuh !.. quand on a quelque succès au théâtre... (Se caressant le menton.) Il vous en arrive d'autres d'une nature plus...

LE DUC.

Parbleu ! d'une nature plus... Fat, va !..

CARLO.

Que voulez-vous...

LE DUC, lui donnant un petit soufflet.

Allons, tu es un fat !

CARLO.

Oui !.. une grande dame... qui nous donne la chasse depuis plusieurs jours.

LE DUC, riant.

Bah !

CARLO.

Et il y a de quoi devenir fat... mais, ma foi, tant pis !.. (La porte de la loge à guichet s'ouvre.) Je veux être mauvais sujet, comme l'ambassadeur de France ! (L'ambassadeur de France, qui entrait, laisse échapper une légère exclamation en entendant son nom et se retire brusquement. A part.) Oh ! c'est lui !.. l'ambassadeur,

LE DUC, qui n'a rien vu.

Hein?

CARLO.

Rien, rien... (A part.) Et il écoute!.. Ils ont tous deux le même intérêt... Allons! d'une pierre deux coups!

LE DUC.

Bravo!.. c'est un beau modèle à suivre... (Riant tout-à-coup.) Oh! oh! oh!.. et si votre belle était précisément... sa maîtresse!.. celle qu'il n'a jamais voulu me nommer.

CARLO.

.. Ce serait drôle!

LE DUC.

Prodigieusement drôle!.. Et elle est dans la salle?

CARLO.

Naturellement... des yeux superbes!.. je vous la montrerai!

LE DUC.

Tu es donc un indiscret?

CARLO.

Sans cela, où serait le plaisir?.. J'affiche, moi!..

LE DUC, riant.

Il affiche, le gueux!.. Oh! oh! oh!.. Arlequin que tu es, va!.. (D'un air léger.) J'affiche aussi, moi.

CARLO.

Parbleu!.. nous autres jeunes gens... (Bas.) Tenez, elle est à l'avant-scène.

LE DUC.

A l'avant... (A part.) C'est la marquise de Popoli!.. Oh! oh! oh!.. j'en rirai nuit et jour!.. (Haut.) A gauche?.. une grande femme maigre?

CARLO.

Non, non... à droite... une petite femme rondelette.

LE DUC, balbutiant.

Hein?.. à droite!.. rondelette!.. (A part.) C'est ma femme!..

CARLO, à part.

Nous y voilà!

LE DUC, à part.

Je ne ris plus!

CARLO, le poussant du coude.

Une duchesse, à ce qu'on m'a dit.

LE DUC, à part.

C'est bien cela!

CARLO.

Qui a un mari...

LE DUC, à part.

C'est bien cela!

CARLO.

Un imbécille...

LE DUC, à part.

C'est bien... (Se reprenant.) Hein?..

CARLO, le poussant, en riant et tournant.

C'est amusant, n'est-ce pas?

LE DUC, à part.

Miséricorde!.. Ah çà! ils sont donc trois?.. en comptant la tabatière!.. C'est une association!.. Que faire?.. La tabatière, je saurai qui! le maître à danser, j'ai mon ordre d'extradition... mais celui-ci!.. Je ne peux pas faire enlever l'arlequin du grand-duc... ce serait un cas de guerre!.. *

CARLO, revenant à sa gauche.

Vous concevez, Monseigneur, que tout cela m'attache diablement à ce pays...

LE DUC.

Peuh!.. un pays qui a bien ses désagréments pour les artistes...

CARLO.

Ah bah!

LE DUC, à part.

Dégoûtons-le! (Haut.) Un public capricieux... qui s'engoue d'abord... et puis... pst!..

CARLO.

Vraiment?

LE DUC.

Il vous applaudit aujourd'hui... et le lendemain, il vous...

CARLO, vivement.

Oh! ne prononcez pas ce mot!.. Brrr!.. ça vous donne le frisson! (Avec intention.) Ce n'est pas comme cela à Paris, à ce qu'on dit?

LE DUC, à part.

Quelle idée!.. (Haut et vivement.) Oh! Paris, mon cher!.. Voilà ce que j'appelle un public... un excellent public!

CARLO.

Vous le connaissez?

LE DUC.

Beaucoup!.. (A part.) Il y mord!

CARLO, à part.

Il y vient!

LE DUC.

Un public avec lequel il n'y a jamais de lendemain!.. (Faisant le geste d'applaudir.) Il est toujours comme cela... c'est sa tenue habituelle.

CARLO.

Il se pourrait!

LE DUC.

Et les femmes, donc!.. des femmes charmantes, aimables, spirituelles... et folles des arlequins!.. sans compter les couronnes, les pensions... (A part.) Je le roue!

CARLO, à part.

Je le tiens! (Haut et faisant aller ses doigts nerveusement.) Oh! tenez, tenez!.. vous m'électrisez!.. vous me convulsionnez!.. Paris!.. les grandes dames!.. les couronnes!.. Je crois y être déjà... et ma foi! si l'on m'offrait un engagement...

LE DUC, à part.

Bravo!

CARLO, avec un soupir.

Ah! bien, oui, mais la petite duchesse...

* Le Duc, Carlo.

LE DUC.

Eh! mon cher, il y a des petites duchesses partout!

CARLO.

Oui, mais celle-ci... est si passionnée!..

LE DUC, vivement.

C'est ce qui vous trompe... Je la connais... c'est une coquette qui vous nargue, qui se moque de vous...

CARLO, avec ironie.

Vous croyez?

LE DUC.

Elle aime à s'amuser... comme ça... mais elle ne s'oublierait jamais au point de...

CARLO, montrant le billet de la Duchesse.

Oui-dà?.. Et cette lettre?

LE DUC, à part, voyant la suscription.

L'écriture de ma femme! Dieu!..

CARLO, lisant.

« Venez ce soir... je vous attends! »

(Le Duc veut prendre le billet, Carlo le met dans sa poche.)

LE DUC, à part, troublé.

Sitôt que ça!.. bonté divine!.. et je ne peux pas l'envoyer à Paris!.. Je n'ai pas d'engagement à lui donner, moi!.. Je ne suis pas l'ambassadeur de France!.. Ah! c'est à s'arracher les...

UN GARÇON DE THÉATRE, entrant en tenant une lettre qu'il présente à Carlo.

Pour Monsieur.

(Il sort.)

CARLO, la prenant.

Une lettre?

LE DUC, bondissant.

Une lettre!.. encore d'elle!..

CARLO, qui a ouvert le pli.

Non... c'est... (Sautant de joie.) Ciel! un engagement!.. pour Paris!

LE DUC.

Hein?.. d'où vient-il, cet engagement?.. d'où tombe-t-il?

CARLO, riant à part, et indiquant la loge.

Oh! je sais d'où il tombe, moi... parbleu! l'autre intéressé... (Après avoir regardé l'engagement, avec une exclamation de joie.) Vingt mille livres d'appointemens!.. Je remplace le célèbre Thomassin! (Il relève son masque.) Victoire!.. me voilà comédien du roi de France!

LE DUC, stupéfait.

Que vois-je?.. Carlo!.. l'arlequin et lui...

CARLO.

C'est absolument le même ouvrage... relié différemment.

LE DUC, d'un air tragique.

Ah! je le tiens, enfin!.. Holà! gardes, à moi!..

SCÈNE XIV.

LES MÊMES, LA DUCHESSE et ARMANTINE, paraissant au fond.

CARLO, noblement et étendant le bras.

Ne vous dérangez pas, Monseigneur!.. Je suis sujet du roi de France... et le premier qui voudrait s'opposer à mon départ...

LE DUC, se ravisant, à part.

Oh! diable!.. cas de guerre! (Haut.) Eh bien!.. au fait, ça me va!.. (A part.) Je l'éloigne de ma femme... et il me laisse ma maîtresse... Oh! l'imbécille!.. Courons retrouver Armantine!

(Il va pour sortir, et se trouve en face de la Duchesse.)

LA DUCHESSE, étendant le bras et l'arrêtant.*

Ne vous dérangez pas, Monseigneur...

LE DUC.

Comment?

LA DUCHESSE.

Elle est sujette du roi de France, et le premier...

LE DUC.

Sujette du roi de France!.. Armantine?

CARLO, gaîment.

Engagée... par Mme la Duchesse.

LE DUC, à sa femme.

Mais, Madame, par qui avez-vous obtenu...

CARLO.

Par votre collègue, l'ambassadeur de France.

LE DUC, soupçonneux.

Par l'ambassadeur?.. (A part.) C'est par l'ambassadeur que ma femme a obtenu... Ah! je suis inquiet!.. je suis très inquiet!

CAMÉRANI, qui est entré, à voix basse à Carlo.**

Les chevaux de poste sont attelés...

CARLO.

Oh! tu peux parler haut!.. Regarde... j'ai levé le masque.

CAMÉRANI, criant.

Les chevaux de poste sont attelés!

CARLO.

Et je pars dans une heure pour Paris!

TOUS.

Dans une heure!

CAMÉRANI.***

Pour Paris!.. ingrat!.. tu m'abandonnes encore!..

CARLO.

Non!.. je t'emmène avec nous... Je te ferai jouer les Scapins... et le nom de Camérani ne se séparera plus de celui de Carlin!

LE DUC, rêveur, de côté.

Je suis extrêmement inquiet!.. car, enfin,

* Armantine, Carlo, la Duchesse, le Duc.

** Armantine, Carlo, Camérani, la Duchesse, le Duc.

*** Camérani, Armantine, Carlo, la Duchesse, le Duc.

Arlequin et Bertinazzi... C'est bien, m'en voilà délivré... (Regardant sa tabatière.) Mais, Mars et Vénus !.. Je donnerais deux mille piastres pour connaître le propriétaire...

CAMÉRANI.

Je les prends, Monseigneur !.. Le voici !

LE DUC.

Hein ?.. comment ?.. ce serait...

LA DUCHESSE, à elle-même.

Pas possible !

LE DUC.

Mais comment vous trouviez-vous...

CAMÉRANI, à qui Carlo fait des signes.

Mon Dieu ! c'est tout simple... je passais sur la route de... j'allais à... enfin, n'importe, j'y allais... Je vois une voiture qui s'en retournait à vide... je dis au cocher : Hein ? une pièce de 15 sous... ça te va-t-il ?.. Ça se fait tous les jours.

LE DUC, à lui-même.

Je respire !

LA DUCHESSE, à part.

Pas trop mal !

CARLO, de même.

Il jouera les Scapins comme un dieu !

LE DUC.

Oui, mais, alors, pourquoi ?..

(Cris à gauche. On entend la cloche.)

L'IMPRÉSARIO, entrant.

Eh ! vite !.. le parterre qui demande l'allemande d'Arlequin et de Colombine.

ARMANTINE.

Ah ! mon Dieu ! nous ne l'avons pas répétée !

L'IMPRÉSARIO.

Eh bien ! ici !.. essayez-la en deux minutes !

CARLO, à Armantine, ton d'Arlequin.

Voyons, ma bonne petite Colombinette... ce sera notre compliment d'adieu.

(Ils remontent.)

L'IMPRÉSARIO, à Camérani.

Allons, contre-basse !

CAMÉRANI, à l'Imprésario.

Oh ! je n'en joue plus !.. j'abdique !.. Ah ! à propos... la contre-basse... j'oubliais !.. Faites-moi le plaisir de la casser, de ma part, sur le chef... du chef d'orchestre.

(Tout le monde se place de côté et au fond. Carlo et Armantine dansent l'allemande. A la fin de l'allemande, on les applaudit en les entourant.)

FIN.

Imp. de Mme DE LACOMBE, r. d'Enghien, 12.

BIBLIOTHEQUE ROYALE
I

[illegible]

EN VENTE CHEZ LE MÊME ÉDITEUR :

	c.
Carmagnola, opéra	60
Un Monstre de Femme, vaudeville.	40
Une Chaîne, comédie.	60
La Main de Fer, opéra-comique.	60
Endymion, vaudeville.	40
Le Novice, comédie-vaudeville.	30
Les Secondes Noces, comédie-vaudeville.	60
La Jeunesse de Charles-Quint, opéra-com.	60
Le vicomte de Létorières, comédie-vaud.	60
Les Fées de Paris, comédie-vaudeville.	50
Pour mon Fils, comédie-vaudeville.	50
Le Diable à l'école, opéra-comique.	50
Lucienne, comédie-vaudeville.	50
Les jolies Filles de Stilberg.	40
L'Enfant de chœur, vaudeville.	40
Le Grand-Palatin, comédie-vaudeville.	60
La Tante mal gardée, vaudeville.	40
Le Duc d'Olonne, opéra-comique.	60
Les Circonstances, comédie-vaudeville.	40
La Chasse aux vautours, comédie.	40
Les Batignollaises, vaudeville grivois.	40
Une Femme sous les scellés.	30
Les Aides-de-camp, comédie-vaudeville.	50
Oscar, comédie.	60
Carabins et Carabines, vaudeville	50
Le Mari à l'essai, vaudeville.	40
Chez un Garçon, vaudeville.	40
Jaket's-Club, vaudeville.	50
Mérovée, vaudeville.	50
Les deux Couronnes, comédie	60
Le Code noir, opéra-comique.	60
Au Croissant d'argent, comédie-vaudeville.	50
Le Château de la Roche-Noire, comédie.	40
Les Diamans de la Couronne, opéra-com.	60
Mon illustre Ami, comédie-vaudeville.	40
Le premier Chapitre, comédie.	50
Talma en congé, vaudeville.	40
L'Omelette fantastique, vaudeville.	50
La Dragonne, comédie.	50
La Sœur de la Reine, drame.	60
Le Poëte, comédie	50
La Vendetta, vaudeville.	50
Une Maîtresse anonyme, comédie.	50
Le Kiosque, opéra-comique.	50
Le Loup dans la bergerie.	50
Les Informations Conjugales, vaudeville.	60
L'Hôtel de Rambouillet.	60
Les Deux Impératrices.	60
La Caisse d'Épargne.	60
Thomas le Rageur.	60
Derrière l'Alcôve.	30
La Villa Duflot.	50
Péroline.	50
Une Femme à la Mode.	40
Les Egaremens d'une Canne, etc., vaud.	40
Les Deux Anes.	40
Folliquet, coiffeur de dames, vaud.	50
L'Anneau d'Argent, comédie.	40
Recette contre l'Embonpoint, pièce	50
Don Pasquale, opéra buffa.	40
Mademoiselle Déjazet au sérail, vaud.	40
Touboulic le Cruel, vaud.	40
Hermance.	60
Canuts.	50
Entre Ciel et Terre.	40
L'homme de paille.	40
La Fille de Figaro.	60
Métier et quenouille.	40
Angélique et Médor.	40
Loïsa.	60
Jocrisse en famille.	40
L'autre Part du diable.	40
La Chasse aux belles-filles.	60
La Salle d'armes.	40
Une Femme compromise.	60
Patineau.	40
Madame Roland.	60
Les Réparations.	60
La Veille du Mariage.	40
Paris bloqué.	60
Francine la gantière.	50
Adrien.	50
Deux Paires de Bretelles.	50
La Bonbonnière.	40
Le Major Grivachon.	50
Pierre le millionnaire.	60
Carlo et Carlin.	60

EN VENTE A LA MÊME ADRESSE :

L'AIEULE

In-8°.—60 c.

LA MARQUISE DE SENNETERRE

In-8°.—1 fr.

Imprimerie de Mme De Lacombe, rue d'Enghien, 12.